# 민주당
# DNA
# 갈아엎기

# 목차

## PROLOGUE

## 1. 대선 때, 제안한 것들

## 2. 대선 때, 실현된 것들　　후보자 페이스북으로 침투하기

## 3. 대선 때, 뚫어냈어야 했던 것들

## 4. 대선 때, 하지 말았어야 했던 것들

## 5. 민주당 DNA 갈아엎기

## EPILOGUE

# 0.73%P로 진 것이 아니라
# 가까스로 0.73%P 따라붙은 선거

0.73% 차이. 247,077표. 대한민국 대통령 선거 실시 이후 가장 적은 표 차이로 제 20대 대통령 선거가 끝났다. 총 투표인 수 44,197,692명 중 34,067,853명이 투표에 참여해 투표율 77.1%를 기록했고, 기호 1번 더불어민주당 이재명 후보는 16,147,738표(47.83%), 기호 2번 국민의힘 윤석열 후보는 16,394,815표(48.56%)를 각각 득표했다. 정권이 교체되었다.

민주당이 패배할 것이라는 생각을 하지 못했다. 아니, 안 했다. 정치권에 들어온 지 1년도 되지 않은 사람이 대통령이 될 것이라고 생각하지 못했다. 말실수들이 터져 나올 때마다 준비가 부족하다고 느껴졌다. 선거의 과정은 어렵겠지만 결과는 승리할 것이라 생각했다. 하지만 졌다.

무엇이 부족했을까? 선거가 끝나고 여러 사람과 만나서 이야기를 나누었다. 그때마다 서로 다른 몇 가지 이유가 저마다 다르게 등장했다. 듣기에 다 맞는 말이었다.

그런데 아뿔싸, 큰일이다.
이 근소한 차이는 어떤 이유를 대입해도 다 맞아떨어져 보인다.

누군가는 몇몇 국회의원들이 열심히 하지 않아서라 했다. 누군가는 대선 캠프의 어떤 인사가 선거 기간 중에 했던 발언으로 특정 집단이 돌아서서 끝까지 지지하지 않는 바람에 졌다고 했다. 누군가는 손실 보상금이 제때 지급되지 않아서, 재난 지원금이 제때 지급되지 않아서, 애매한 88% 지급이 민심을 더 분열시켰다고 말하는 사람도 있었다. 누군가는 부동산 때문에 어차피 못 이길 선거였다고 말하는가 하면 또 다른 누군가는 부동산 정책의 실패보다 직보다 집을 택한 청와대 인사들이 문제라 했고, 그건 넘어갔지만 LH 사태가 터진 것이 결정적이었다고 말하는 이도 있었다. 또 다른 누군가는 애초에 윤석열 후보를 검찰총장으로 앉히거나 최재형 의원을 감사원장에 앉힌 인사 문제가 총체적 난국이었다고 했다. 2017년 정권 초 또는 2020년 총선 이후 즉시 시행했어야 할 개혁의 시간을 놓친 것이 화근이라 하는 사람도 있었고, 제때 못 한 개혁을 대선에 임박해서 해버리니 그걸 지지한 사람은 마치 민생은 등한시하고 개혁에 미친 지지자들로 보이게끔 만들었다고 성토한 사람도 있었다.

0.73%P라는 숫자는 이렇게 '아쉬운'숫자에서 어떤 걸 대입해도 되는 '무서운'숫자로 변했다. 민주당을 사랑하고 민주당이 다시 집권하길 바라는 사람들과 정치인들은 이때 정신을 똑바로 차려야 한다. 너무나도 아쉬운 이 숫자에 내가 생각하는 그 하나의 이유만 대입해서 그 하나로만 졌다고 생각하면 오산이다. 내가 생각하기엔 위의 모든 것들이 합쳐진 결과가 대선 패배였다. 그렇다면 누군가는 반문할 것이다. 저 많은 것들이 패배의 요인인데 표 차이가 고작 0.73%P밖에 나지 않은 것이 말이나 되냐고. 나는 답변하고 싶다. 그게 핵심이라고.

우리는 0.73%P 차이로 아슬아슬하게 진 것이 아니라, 우리는 0.73%P 차이까지 가까스로 따라잡은 것이라고.

## • 대선에서 기본소득이 먹히지 않았던 이유

이재명 후보의 가장 상징적인 공약은 기본소득이었다. 성남시장 재임 시절부터 청년배당을 통해서 일종의 보편적 기본소득을 실험했고 반응도 나쁘지 않았다. 문제는 사이즈가 국가 단위로 커져, 전국민을 향할 때 발생했다.

과연 재원 마련은 어떻게 할 것인가?
과연 그것이 진정 이 나라 대한민국의 미래를 준비하는 것인가?

사실 여기까지도 괜찮았다. 변수는 코로나였다. 2020년부터 전 세계를 강타한 코로나는 자영업자를 비롯한 온국민의 경제 상황을 극한으로 몰아갔다. 엎친 데 덮친 격으로 부동산 악재까지 터졌고, 임금 소득으로는 도저히 내 집 마련이 불가능해져버렸다. 다주택자, 고가의 아파트를 소유한 종부세의 문제를 넘어서 무주택자가 평생 무주택자로 이 집 저 집을 전월세로 전전해야 하는 상황이 도래한 것이다. 심지어 전세는 씨가 말라갔고, 높아진 월세는 내 집 마련을 위한 최소한의 목돈 마련도 방해했다. 모두 다 민주당 정권에서 일어났고, 비난의 화살은 모두 거기로 향했다.

공정에 관한 문제도 마찬가지였다. 1986년생인 내가 취업을 준비할 때, 정확히는 10년 전인 2012년 전후만 하더라도 네이버의 스펙업이라는 사이트와 다음의 취업뽀개기(줄여서 취뽀)라는 사이트에서는 이런 말이 유행했다.

'1승만 하면 된다'

무슨 말이냐. 100군데에서 떨어져도 한 곳만 합격하면 되는 것이 취업 시장이고, 몇 군데 떨어졌다고 낙담하지 말고 부지런히 이력서를 준비하고 또 도전해서 최후의 1승만 하면 된다는 말이었다. 수많은 최후의 1승 후기가 사이트를 도배했고, 너 나 할 것 없이 1~2개, 또는 심지어 10개 넘는 회사에서 떨어지더라도 인생이 끝난 것처럼 슬퍼하진 않았다. 하지만 10년 사이 세상이 많이 바뀌었다. 기업이 공채를 내지 않기 시작했고, 현대자동차와 같은 대기업마저도 신입이 아닌 경력직 채용으로 채용 시스템을 조정했다. 이 순간 민주당 정권의 국정 과제가 발동되었다.

'비정규직의 정규직화'

1승만 해도 괜찮다던 시절에는 이러한 슬로건이 각광받고 박수받았을지 모르겠지만, 채용 공고 자체가 사라진 세상에서 피땀 흘려 정규직을 준비하던 청년들 입장에선 허탈을 넘어서 분노로 이어질 수밖에 없었다. 비정규직의 채용 과정과 정규직의 채용 과정은 분명히 다르다. 조금 더 안정된 직업을 위해 자격증을 따고 토익 시험을 준비하고, 외국 어학연수에 봉사활동까지 착실히 쌓아두던 청년들이 정부의 정책에 따라 갑자기 비정규직 친구들이 정규직이 되는 것을 보고 분노하지 않는 것이 이상한 일이었다.

그런데 반성은 없었다. 왜냐고? 솔직히 말해줄까? 그게 멋있어 보였거든. 분명 불과 몇 년 전만 하더라도 비정규직을 정규직으로 만들어주는 것이 시대의 과제였거든. 비정규직을 정규직화하는 것을 누가 반대할 수 있을까. 이 땅의 불합리한 비정규직을 정규직화하는 것이 적어도 정규직 시장에 뛰어든 청년의 마음을 달래는 주는 것이라 생각했는데 아니었다. 정규직을 포기하거나 그만큼 노력해 보이지 않았던 비정규직 청년들의 신분만 정규직으로 바꾸어준 꼴이 되어버렸다. 바로 이 포인트다. 여기서 심리적 이격 현상이 발생한 것이다.

앞으로 나의 삶은 4대 보험도 되고, 월급도 잘 받고, 부당한 대우 받지 않고, 차곡차곡 내 돈 모아서 사랑하는 사람과 가정을 이루고 결혼을 해서 살아갈 부동산 대출도 받게 해줄 그런 정규직의 세상이 열리길 바랐는데, 그걸 지지했는데, 그래서 정규직을 준비했는데, 나보다 노력을 덜 한 것처럼 보이는 비정규직 친구들만 정규직이 되고, 내가 준비했던 정규직은 채용 규모 자체가 줄어들어버렸다는 데서 온 감정이 인천국제공항공사로 인해 터져 나왔던 것이다.

이러한 감정이 켜켜이 쌓여갈 때쯤 내 친구는 창업을 했다. 한적한 공간에 카페를 차렸고, 인테리어 비용도 꽤 들어갔지만 오픈 날부터 장사가 너무 잘됐다. 넓은 홀에선 아예 대놓고 컴퓨터 작업을 할 수 있도록 와이파이를 설치해두고, 오래 있어도 눈치 주지 않았고, 테이블마다 불편하지 않도록 콘센트도 마련해두었다. 그런데 코로나가 왔다. 정부는 강제로 문을 닫게 했고, 24시간 카페가 콘셉트였던 내 친구의 카페는 24시가 되기 전에 문을 닫을 수밖에 없었다. 즉각적으로 타격이 왔다. 2년을 버티던 친구는 델타 변이 소식으로 결국 폐업을 했다. TV를 틀어보니 경제를 담당하는 부총리가 초과 세수를 계산하지 못해서 자영업자 손실 보상을 제대로 해주지 못했다고 말하고 있었다. 대선이 임박하니 갑자기 몇 조가 풀렸다. 하루 종일 3천 원짜리 아메리카노를 팔아서 하루 매출

10만 원을 찍을까 말까 한 상황에서 어떤 대선 후보가 기본소득을 이야기했다. 죽을 듯 살 듯 카페를 이어나가고 있는데 누구는 가만히 앉아서도 기본소득이라는 이름으로 100만 원씩 받도록 해주겠다고 한다. 100만 원을 나도 받는 게 중요한 게 아니라, 이렇게 아침부터 저녁까지 굽신거려가며 장사해도 하루 100만 원을, 어떨 때는 월 100만 원을 못 벌고 있는데 누군가는 그냥 100만 원을 받는 세상을 만들어준다니. 미치고 환장할 노릇이었다.

카페가 잘되면 지금 여자친구와 결혼도 하고 집도 장만하려고 했다. 카페는 폐업했고, 30살이 넘어서 어디 취업을 할 수도 없고, 결국 대리기사를 시작했다. 몇천 원, 또는 운이 좋으면 몇만 원의 팁을 받으면서 근근히 월세를 내고 있는 내 친구에게 내 집 장만은 꿈도 꿀 수 없는 현실이 되었다. 이렇게 기본소득은 오히려 가장 필요해 보였던 저소득층, 저임금층으로부터 가장 빠르게 외면당했다.

코로나, 부동산, 취업 시장의 변화. 3가지의 초대형 변수 앞에서 기본소득과 같은 한가한(?) 공약은 눈에 들어올 리가 없었다. 사실 친구도 민주당을 지지했다. '나 여기서 이렇게 너무 힘들다'고 목놓아 외치며 총선에서 민주당을 밀어줬더니, TV에는 현 정권이 임명한 사람과 대놓고 싸우는 모습만 나왔다. 내가 경제적으로 죽어가고 있는데, 그들은 한가해 보였다. 그렇게 민주당의 절정은 빠르게 식어갔다. 2022년 3월, 결국 국민은 정치를 한 번도 해보지 않은 대통령을 선택했다. 2020년 4월 민주당 총선 이후 고작 2년이 흘렀을 무렵이었다.

## • 2021년 재보궐 선거는 터닝 포인트가 아니라 루징 포인트였다

2016년 총선으로 더불어민주당은 근소하지만 원내 1당이 되었다. 총선 승리였다. 그 후 2017년 탄핵 국면에서의 제19대 대통령 선거, 2018년 남북 평화 무드에서의 제7회 지방선거, 2020년 코로나 국면에서의 제21대 국회의원 선거까지 내리 4연승을 하며 압도적인 전선을 구축했다. 대통령과 지자체장, 심지어 국회까지 완벽하게 장악했다. 국민의 기대는 그 어느 때보다 높았다. 민주당은 승리의 기쁨을 누리면서도 진짜 '결실'을 만들어내야 하는 상황이었다. 어떤 결실이 있었을까? 국민들은 민주당을 지지한 '결실'을 스스로 느끼고 있었을까?

연전연승이 마감된 선거부터 이야기해보자. 2021년 4월 7일 재보궐 선거는 서울 박원순 시장과 부산 오거돈 시장의 문제로 열렸다. 애초에 선거 자체가 민주당 때문에 시작된 것이다. 민주당의 당헌 96조 2항에 따르면 '당 소속 선출직 공직자가 부정부패 사건 등 중대한 잘못으로 그 직위를 상실해 재·보궐 선거를 하게 된 경우 해당 선거구에 후보자를 추천하지 않는다'고 규정해두었다. 하지만, 민주당은 이를 변경했다. 개정안을 통해 동일한 조항 마지막에 문장 하나를 추가했다. '단, 전당원투표로 달리 정할 수 있다'. 민주당은 전당원을 대상으로 투표를 실시했고, 투표 문구는 아래와 같았다.

더불어민주당은 당헌 96조 2항을 개정해
2021년 4월 재보궐 선거에 후보자를 추천하고자 합니다.
이에 찬성하십니까?

**찬성한다**　　　**반대한다**

온라인 투표에서 찬성률이 무려 86.6%가 나왔지만 이는 부끄러운 결과였다. 투표율 자체가 26.4%에 그쳤기 때문이다. 민주당 당원만을 대상으로 한 투표였다 하더라도 너무나도 낮은 수치였고, 이는 오세훈 서울 시장이 무상급식을 반대하며 시장직을 내걸었던 2011년 주민투표에서의 최종 투표율 25.7%보다 조금 높은 수치였다. 수치 자체가 수치였다.

충남의 안희정 지사부터 서울의 박원순, 부산의 오거돈에 이르기까지 보수 정당에 비해 압도적으로 높다고 자신했던 '도덕적 우위'가 무너지는 것과 동시에 꼼수로 후보를 공천했다는 비판을 면하기 어려웠다. 결국 정당의 헌법이라 불리는 당헌까지 바꾸면서 실시한 2021년 재보궐 선거는 참패였다. 패배를 복기하고 이를 터닝 포인트로 삼았어야 했다. 하지만 오히려 대선의 루징 포인트(Losing Point)가 되어버렸다.

루징 포인트(Losing Point) 하나. 부산부터 살펴보자. 오거돈 시장 같은 경우, 부산 시민의 염원이었던 가덕 신공항 개항을 위해 도대체 무슨 노력을 했느냐는 비판을 줄곧 받고 있었다. 뿐만 아니라, 1995년 제1회 지방선거 실시 이후 최초로 민주당으로 시장을 바꿔줬지만 달라진 게 없었다는 부산 시민의 불만이 이미 응축되고 있었고, 이는 그대로 2020년 총선에도 영향을 미쳤다. 민주당은 2020년 총선에서 압승했지만 부산에서는 참패했다. 18개 지역구 중에서 6석을 차지하고 있던 민주당 국회의원 의석 수는 3석으로, 즉 절반으로 떨어져버렸다.

2018년 오거돈 시장은 당선 당시 55.23%를 득표했고, 2021년 보궐선거에서 더불어민주당 후보로 부산 시장에 도전한 김영춘 후보는 34.42%를 득표했다. 단순히 득표율로만 계산해보면 고작 3년 만에 약 20.81%P가 급락한 것이다. 부산 민심이 얼마나 분노했는지 알 수 있는 단편적인 대목이다. 또한, 김영춘 후보가 득표한 34.42%는 오거돈 후보 스스로가 처음으로 부산 시장에 도전했던 2004년 재보궐 선거 득표율 37.7%와 비슷하며,

그가 두 번째로 부산 시장에 도전했던 2006년의 상황과도 거의 비슷하다. 2006년 제4회 지방 선거에서 열린우리당 오거돈 후보의 득표율은 24.12%, 민주노동당 김석준 후보는 10.32%, 한나라당 허남식 후보는 65.54%를 득표했다. 진보 진영 두 후보의 득표율을 합산하면 34.44%다. 2021년 김영춘 후보가 득표한 득표율과 고작 0.02%P 차이다. 동일하다고 보아도 무방할 정도다. 즉, 민주당의 실책으로 열린 재보궐 선거는 적어도 부산 정치판 자체를 15년 전으로 되돌려버린 최악의 결과로 돌아왔다. 이러한 상황에서 곧바로 1년 뒤에 치러진 2022년 대통령 선거에서 이재명 후보는 38.15%를 득표했다. 소폭 상승한 결과였기 때문에 적어도 부산 판에서는 후보의 부족함이 컸다고 보긴 어렵다. 오히려 민주당 그릇 자체의 낡음이 가장 큰 원인이었다고 보는 것이 옳았다. 적어도 노무현 대통령이 말한 북항 재개발과 가덕 신공항은 어떻게든 민주당 정권에서 마무리 지었어야 했다. 거기엔 부산의 일자리와 미래가 달려 있었다.

루징 포인트(Losing Point) 둘. 서울 선거로 가보자. 2021년 재보궐 선거 투표 직전, 이미 폭발하고 있던 부동산 민심에 'LH 사태'라는 기름과 화약이 동시에 투하되었다. 설상가상이라는 표현이 약하게 보일 정도로 파급 효과는 어마어마했다. 부동산 가격 폭등의 주요한 원인이 아무리 저금리 시대의 유동성 완화라고 외친들 무수히 쏟아진 부동산 정책의 실패와 부동산을 둘러싼 민주당과 청와대 인사들의 '만행'을 덮을 수는 없었다.

'직보다 집'을 택했다며 대표적으로 비판을 받던 김조원 민정수석을 포함해 2020년 5월부터 8월까지 청와대 인사 8명이 모두 다주택자의 신분으로 '집'을 팔지 않은 채 사직했다. 2020년 7월에는 그 당시에도 이미 충북 도지사 출마가 강하게 예상된 노영민 비서실장이 충북 청주의 집을 팔고 서울 반포 집을 남겨두는 이른바 '똘똘한 한 채'를 직접 시전했다. 2020년 11월에는 김현미 국토교통부 장관이 '아파트가 빵이라면 제가 밤을 새워서라도 만들겠습니다'라는 발언을 남기며 논란에 논란을 이어갔다. 그런데 여기서 그치지 않았다. 2021년 재보궐 선거를 열흘 앞두고 김상조 청와대 정책실장이 임대료 인상 폭을 5%로 제한한 임대차 3법 시행 '직전', 자신이 소유한 강남 아파트 전세 보증금을 14.1% 올려 계약을 갱신한 것으로 확인되며 거센 비판을 받았다. 대통령이 초고속으로 김 실장을 경질했지만 이미 모든 일은 벌어지고 난 뒤였다. 2020년부터 2021년 재보궐 선거까지 약 1년 동안 부동산 민심이 거칠게 불타오르고 있는 상황에서 일어난 일들이라곤 도저히 믿을 수 없을 정도로 부끄러운 일들이 이어졌다. 혹자는 LH 때문에 재보궐 선거에서 졌다고 표현했지만 실상은 걷잡을 수 없이 응축된 분노가 대규모로 폭발해 '민주당은 더 이상 안 돼'라는 심리가 굳어진 것이다.

2021년 더불어민주당 박영선 후보의 득표율은 39.18%. 1995년 제1회 지방 선거가 시작된 이후 2006년을 제외하고 처음으로 민주당 후보 득표율이 40% 아래로 떨어졌다. 2006년은 열린우리당의 강금실 후보가 27.31%, 민주당의 박주선 후보가 7.71%, 민주노동당의 김종철 후보가 2.97%를 득표해 이를 합치면 37.99%였다. 서울도 15년 전으로 돌아가버렸고, 따라서 2021년 재보궐 선거의 패배는 단순한 패배가 아닌 민주당 자체가 15년 전으로 역행한 결과였다.

2016년 총선, 2017년 대선, 2018년 지선, 2020년 총선까지 내리 4연승을 하던 더불어민주당은 2021년 재보궐 선거부터 2022년 대선, 2022년 지선까지 내리 3연패를 했다. 그 시작은 2021년 재보궐 선거였으며 이때의 패배를 반면교사로 삼아 전면 쇄신에 나섰어야 했다. 최소한 비수도권은 일자리와 미래에 대해, 수도권은 부동산에 대해서 반성적이고 파격적인 전환적 태세에 돌입했어야 한다. 오죽하면 그 당시까지도 민주당에 애정을 가지고 있던 사람들이 내년 대선을 앞둔 예방 주사'라고 생각해야 한다고 말했을까? 우리는 예방 주사를 그저 국민의 '꿀밤'정도로 축소, 오인했다.

서울과 부산의 사례로 루징 포인트 2개를 정리해보았다. 도적적 우위가 무너지고, 꼼수 공천을 하고, 부동산 문제를 키웠다. 정책의 실패는 사과와 반성, 쇄신으로 이어지지 못했다. 또한 정책의 공동 책임자들은 오히려 직보다 집, 똘똘한 한 채 등으로 불난 집에 부채질을 해버렸다. 터닝 포인트로 삼아야 할 재보궐 선거 결과를 루징 포인트로 남겨두었다. 따라서 2022년 대선은 후보의 문제만을 따지기 어려운 선거였다. 후보는 민주당의 대선 예비 경선을 공정하게 승리한 후보였다. 민주당의 낡은 그릇이 문제였다. 그렇다면 낡은 그릇만이 문제였을까? 아니다.

내가 이 책의 프롤로그를 두 부분으로 나누어 설명한 이유가 여기에 있다.

후보의 문제만을 따지기 어려운 선거였고,
민주당의 낡은 그릇만을 따지기 어려운 선거였다.

이 두 가지 요소가 모두 결합되어 패배한 선거였다.

상대 후보는 더 준비되지 않은 사람이었다, 상대 정당의 그릇은 더 낡았다 등의 반론은 무의미하다. 결국 국민의 선택은 우리가 아니었기 때문이다. 적어도 국민들은 상대 정당의 문제보다 민주당의 문제를 더 크게 보았다는 것을 인정해야만 한다.

나는 또 지고 싶지 않다.
나는 정말로 또 지고 싶지 않다.

180석에 가까운 다수 의석을 가지고도 우리가 마치 소수인 것처럼 징징대지 말고,
민주당의 DNA를 싹 갈아엎고 완벽히 새로운 시작을 준비해야만 우리는 승리할 수 있다.

다음엔 꼭 이기고 싶다. 정말.

1

# 대선 때,
# 제안한 것들

## • 기후 위기, 한반도, 민생, 불변의 3가지 키워드

대선마다 '시대정신'이라는 단어는 빠지지 않고 등장한다. 그렇다면 2022년 대선의 시대정신은 무엇이었을까? 빠지지 않고 등장하는 단어인 만큼 저마다 '이것이 시대정신이다'라고 말할 것이다. 내가 생각한 시대정신은 크게 3가지였다. 기후 위기와 한반도 그리고 민생. 적어도 2050년까지 난 이 3가지 시대정신이 불변의 키워드라고 생각한다. 보고서도 여기에 가장 큰 초점이 맞춰져 있었으며, 이 이슈와 담론을 선제적으로 제기하고, 제기한 이슈를 다시금 국민들이 알아듣기 쉽게 전하는 것이 가장 중요하다고 생각했다.

첫째, 기후 위기다. 기후 변화, 기후 재앙이라고도 표현을 하지만, 본질은 결국 지구에서 더 이상 인류가 생존하기 어려운 기후 위기가 찾아온다는 것이다. 전 세계는 2050년까지 지구를 지키기 위한 온도가 고작 2도 남았다며 '친환경'을 외치고 있다.

기후 위기가 성큼성큼 다가오고 있는 것에 비해 국민이 직접 체감할 수 있는 것은 별로 없다. 이유는 간단하다. 매일 아침 이례적인 산불을 내 눈으로 보거나, 빙하가 녹는 장면을 창문을 열자마자 볼 수 없기 때문이다. 북극곰과 펭귄이 아슬아슬하게 빙하 조각 위에 떠 있는 모습은 티브이나 유튜브로 간혹 확인할 뿐이다. 기후 위기가 다가오고 있음에도 막상 할 수 있는 일이 많아 보이지 않는다. 그래서 목적은 기후 위기에 대응하는 것으로 두되, 체감할 수 있고 동참할 수 있는 변화에 대해 정치권이 메시지를 던져야 한다고 생각했다. 예를 들면, 전기 자동차로의 전환, 구매 이후 편하게 이용할 수 있는 충전 시설의 완비, 전기 충전 요금의 동결 등이 바로 그것이다. 또한 전기 자동차가 늘어나면 자연스레 수요가 증가할 전기 생산을 어떻게 더 늘릴 것인가에 대한 문제도 여기에 해당한다.

하나 더 짚어볼 것이 있다. 산업 패러다임의 변화다. 내연 기관 자동차에 필요한 기술과 친환경 자동차에 필요한 기술은 다르다. 새로운 기술은 새로운 산업으로, 곧 새로운 고용 창출로 이어질 것이다. 작은 기술하나라도, 작은 특허 하나라도 우리나라 기업이 하길 바란다면 김대중 대통령이 IMF 국면에서 취임하자마자 시작한 대규모 벤처 창업 투자와 같이 친환경 시대에 발맞춘 '묻지 마'투자를 할 필요가 있다고 생각했다. 결국은 미래 먹거리다. 새로운 기업이 탄생하고, 그 기업은 다시 고용을 창출한다. 그 고용이 국민의 생계를 책임진다. 간단한 논리다.

둘째는 한반도 문제다. 우리는 아직도 민주 정부의 최대 치적인 '개성공단'과 오랫동안 이어온 '통일'이라는 단어의 늪에서 헤어나질 못하고 있다. 당분간 남한과 북한이 한 나라가 되어 완벽한 1국가 1체제가 되기 어렵다는 것은 이제 모든 국민이 알고 있다. 그렇다면 새로운 전략을 모색해야 한다. 먼저 개성공단. 개성공단만 이야기하면 고리타분한 아재들은 '우리가 1을 주면 10을 가져온다'며 칭찬 일색이다. 하나만 물어보고 싶다. 그렇게 말하는 당신의 통장에 그 '10'이 들어온 적이 있느냐고. 이렇게 말하면 아재들은 또 말한다. 10이 통장으로 들어오는 것이 아니라, 수많은 경제 효과와 고용 창출 등등이 있다고. 그러면 우리가 다시 묻는다. 개성공단은 남한의 여수공단이나 창원공단보다 규모도 작고 고용 창출도 더 적다고. 또, 아재들은 답한다. 개성공단은 1단계에 머물러 있으며 원래 당초 계획인 3단계까지 간다면 훨씬 더 큰 규모의 공단이 완성될 것이고 고용과 경제 부수 효과도 한반도 최대 규모로 성장할 것이라고. 그러면 우리는 말한다. 남북 관계가 안 좋아지면 언제든 닫힐 수밖에 없는 불안정한 곳이 개성공단이며 심지어 지금도 막혀 있는데 어느 세월에 다시 재개하고 어느 세월에 3단계까지 가느냐고. 마지막으로 아재들은 말한다. 개성공단은 단순히 경제적 효과뿐만 아니라 북한의 군사 시설을 뒤로 밀어내며 그야말로 평화를 상징하는 곳이 된다고.

자, 이 대목에서 꼭 말하고 싶다. 하나만 합시다. 경제 효과입니까. 평화입니까. 둘 다라고 말씀하신다면 지금 그 2가지가 모두 제대로 되고 있는 것 같냐고 되묻고 싶다. 결국은 고집이다. 우리 민주 정부의 최대의 치적이기 때문에 이걸 못 버리는 것이다. 나는 과감히 이 개성공단을 뛰어넘을 완전히 새로운 '판'을 짤 때라고 말하고 싶다. 언제까지 개성공단 재개만을 기다리며 살 수는 없다. 그리고 이곳이 당장 재개되어도 개성공단에 취업하고 싶어 뛰어들 청년들이 몇이나 될까? 매우 희박하다. 그렇다면 새로운 판을 짜야 한다.

개성공단을 그야말로 버전업시킨 새로운 판을 짜는 것과 동시에 통일부를 해체하고 이름도 바꿔야 한다. 막연히 두 나라의 모든 것을 합치려는 통일(統一)이 아니라 어떻게 하면 두 나라가 평화로이 공존할 수 있을지에 대한, '통이(統二)'에 대한 고민을 해야 한다. 통일이 아닌, 통이. 하나가 아니라, 자유로운 둘이 되어야 한다. 부처 이름을 통이부(統二部)라고 할 수는 없으니, '평화협력부'와 같이 현실적 고민이 담긴 부처로 개칭해야 한다. 2018년 남북정상회담의 슬로건이었던 '평화, 새로운 시작'을 곧이곧대로 반영할 수 있는 부처로 거듭나야 한다. 평화 정착이 첫 번째고, 그 이후엔 실질적 경제 협력, 기술 협력 등의 다양한 협력 방식을 만들어 나가야 한다. 고작 2개의 국가지만 마치 EU처럼 하나씩 하나씩 협력 공동체로 발전시켜야 한다.

셋째는 민생이다. 인류의 역사에서 정치라는 것이 자리 잡은 후 과연 '민생'이라는 단어가 빠진 적이 있을까? 어떤 정권이든 중반부를 넘어가면 무조건 '경제' 이야기가 나온다. 당연한 이야기가 아닌가? 다 먹고살자고 하는 일인데 이 민생 이야기를 안 한다는 것이 오히려 아이러니다. 정치는 반드시 민생을 말해야 한다.

그렇다면 어떤 민생을 말할 것인가. 민생이라는 단어는 광범위해서 좁힐 필요가 있는데, 이번 2022년의 민생은 크게 또 3가지로 나눌 수 있었다. 민생의 키워드 첫 번째는 부동산이었다. 사실 첫째도 둘째도 셋째도 부동산이었다. 수요 부족과 고삐 풀린 유동성으로 인한 부동산 가격 폭등을 걷잡을 수 없었다. 미쳐버린 부동산 가격은 대부분의 청년들로 하여금 '이번 생에는 내가 내 돈을 벌어서 집을 구할 수 없겠구나'라는 좌절감을 맛보게 했다. 내가 못 사는 것도 분한데 어디선가는 '영끌'족이 나와서 집을 사고 막대한 차익을 얻었다는 이야기가 들려왔다. 사촌이 땅을 사면 배가 아프다는 속담이 있는 나라에서 부동산을 둘러싼 주변엔 그 '사촌'들이 눈에 띄기 시작했고, 배고픔에 더해 배아픔마저 밀려왔다. 이 상황이 이른바 '벼락거지'라는, 분노와 배아픔의 감정이 응축된 단어가 등장하게 된 배경이었다.

내가 집을 구하려고 차곡차곡 준비하고 있었는데, '앞으로 공급은 없다', '대출도 없다'해버리니까, 편히 구할 수 있었던 집이 갑자기 이른바 '한정판'이 되었다. 사람들은 그 한정판을 구매하려고 한꺼번에 몰렸고 가격은 상승했다. 한정판을 구매한 사람들은 득의양양했고, 한정판 구매에 실패한 사람은 이 상황을 만들어버린 정부로 분노를 돌릴 수밖에 없었다. 이때 결정타가 터졌다. LH 사태였다. 이때부터 걷잡을 수 없는 '정권 심판'여론이 굳건해졌다.

부동산에 접근조차 할 수 없는 시대가 되어버렸기 때문에 다시금 '내 집 마련'을 할 수 있는 가능성을 열어주는 정책이 급선무였다. 수도권의 부동산 대기 수요가 사라지지 않는 이상 수도권 부동산 가격 안정은 일어날 수 없다. 이 맥락에서 LTV 완화와 대규모 신규 주택 공급 방안이 가장 먼저 나올 수밖에 없었다. 또한 신규 공급지로의 출퇴근이 용이할 수 있게 하는 GTX 설치와 교통망 체계 개선 및 확충은 반드시 뒤따라야 하는 필수 조건이었다.

민생의 두 번째 키워드는 플랫폼 노동이었다. 코로나 19로 폭증한 비대면 배달과 택배 수요는 곧바로 '플랫폼 노동'이슈를 크게 부각시켰다. 이는 팬데믹 현상의 시기적 특성이기도 했고, 미래 노동 환경에 대한 대비이기도 했다. 우리는 플랫폼 이용자이면서 동시에 노동자였다. 기업이 파산해서 실직자가 되어버린 사람들, 자영업을 하다가 망해버린 사람들 또는 부업을 통해 자산을 축적하려는 모든 사람들이 이 플랫폼 노동에 뛰어들었다. 우리는 배달 음식을 시켜먹으면서 동시에 배달 노동자가 되었다.

마지막으로 세 번째 민생 키워드는 수도권과 비수도권의 격차 해소였다. 수도권 인구가 공식적으로 비수도권을 뛰어넘었다. 이 좁디좁은 땅에 인구 절반이 수도권에 옹기종기 모여 살게 되었다는 뜻이다. 서로 모여 살면 욕망이 향하는 곳은 빠르게 한정판이 되어버릴 수밖에 없고, 자연스레 가격은 상승한다. 그게 수도권 부동산 가격 상승의 핵심 요인이다. 수도권에 살고 싶은 이유, 수도권으로 인구가 몰리는 이유는 간단하다. 일자리, 그리고 교육이다. 일자리를 찾기 위해 서울로 온다. 교육과 진학 때문에 서울로 온다. 그것이 가장 큰 이유라면 반대로 비수도권에 마련해주면 된다. 비수도권에 양질의 일자리를 창출하고, 교육의 역할을 분산시키면 된다. 물론 말은 쉽다.

부산, 울산, 경남의 이른바 '메가시티'구상은 이러한 맥락에서 나왔다. 여기에 공항은 필수 조건이다. 공항을 건설하면 건설 경기가 부흥하고, 건물을 짓기 위한 노동 인력이 창출되고, 그에 따른 임금을 지급하면 내수 경기가 일시적으로 진작된다. 하지만 그러한 1차원적인 이유만으로 공항이 필수 조건이라는 뜻은 아니다. 수출로 먹고사는 나라에서 제품을 만들자마자 해외로 수출할 수 있는 최소한의 기반이 바로 공항이다. 지금 주요 국제공항은 모두 수도권에 있다. 국내 운송비를 최대로 절감해서 수출할 수 있는 것이다. 동남권도 이게 필요하다. 부울경은 항만도 갖추어져 있고, 곧바로 태평양으로 뻗어 나갈 수 있기 때문에 다양한 지리적 이점을 가지고 있다. 공항이 있어도 올까 말까 하다면 공항부터 시작하는 것이 맞다고 생각한다.

한편 다른 기업들이 비수도권으로 올 수 있는 최소한의 정주 여건도 만들어주어야 한다. 진보의 금기 사항에 가까운 법인세인하라도 해서 수도권의 기업을 분산시켜야 한다. 수도권에서 비수도권으로 이전하는 기업에 대한 법인세 인하 혜택을 대폭 확대하고 이미 비수도권에 있는 기업들에게도 혜택을 주어 비수도권에서 수도권으로 돌아가려고 하는 기업을 붙잡아두어야 한다. 비수도권에 있다는 이유만으로 혜택을 주는 고강도 대책을 써야 할 시점이라는 뜻이다. 기업이 지역으로 이전하고 고용을 창출하고 생계를 책임진다면 수도권 부동산 편중 현상도 서서히 완화될 수 있다고 생각한다.

교육도 마찬가지다. 국립 대학교의 자생 능력을 강화하는 대책과 학교 내의 연구소 설립, 취업 연계를 활성화해야 한다. 또한 또 다른 진보의 금기 사항인 특목고도 인구 분산과 비수도권으로의 유입, 유도가 가능하다면 적극적으로 펼쳐야 한다.

정리해보자면, 2022년의 민생 측면에서 큰 틀은 3가지였다. 부동산, 플랫폼 노동, 그리고 수도권과 비수도권의 격차 해소.

2050년까지 우리는 기후 위기에 대응해야 한다. 광복 100주년이 되는 2045년에는 우리 후손들에게 평화가 정착된 한반도를 물려줄 수 있어야 한다. 정치는 언제 어디서나 민생을 말해야 한다. 민생은 정치의 출발이자 마지막이다. 기후 위기, 한반도, 민생, 당분간 이 이슈보다 더 큰 담론은 없다고 생각하며, 적어도 2022년 대선엔 그랬다고 생각하며 보고서를 작성했다.

# • 전기 자동차 위원회

전 세계가 탄소 중립 사회로 가기 위한 준비를 하고 있다. 탄소 중립, 영어로는 Net-zero, 여기서 net는 '순純'의 뜻으로 배출하는 탄소의 양과 제거하는 탄소의 양이 0이 되는 것을 의미한다. 그 노력의 일환이 풍력과 태양광 도입 등의 신재생 에너지 전력 발전이고, 전기 자동차의 등장은 내연기관 자동차의 종식을 이끌어냄으로써 내연기관에서 배출되는 탄소량을 제거한다. 따라서 국가는 탄소 중립과 기후 위기를 외치되, 공약은 우리가 체감할 수 있어야 한다.

국가는 국가답게 기후 위기에 대응하고,
국민은 국민답게 기후 위기에 대응해야 한다.

대선 기간에도 국가의 역할을 강조하는 이야기와 국민의 역할을 강조하고 동참을 호소하는 이야기를 분리했어야 했다. 국가의 역할이라 함은 단순하게 말하면 전력 생산이고, 나아가면 석탄, 조력, 풍력, 태양광, 원전 등을 일컫는 전력 생산 방식과 생산한 전기를 송수신할 전력 네트워크 체계 그리드에 대한 이야기를 포함해야 한다. 다만 공약은 이보다 훨씬 더 쉽고 가볍게 이해할 수 있어야 한다. 예를 들어, '국민 여러분, 원전을 줄여나가고 태양광을 도입하겠습니다'는 선언적 메시지가 될 수 있지만 국민들이 실생활에서 '나도 동참하고 있다'는 느낌을 주기 어렵다. 국민이 대선 후보의 공약을 따르고 이행한다는 효능감을 주려면 내가 직접 매일 이용할 수 있는 것으로 다가가야 한다. 가장 쉬운 방법은 전기 자동차를 타는 것이다.

그럼 첫 번째, 전기 자동차 이야기부터 해보자. 전기 자동차 구매 유도는 보조금 지급으로 할 수 있지만 유지는 다르다. 내연기관 자동차처럼 손쉽게 연료를 채워 넣을 수 있어야 한다. 전국 어떤 곳을 가더라도 쉽게 주유소를 찾을 수 있는 것처럼 전기 자동차로 어느 곳을 가더라도 전기를 충전할 수 있어야 한다. 후보자에게 기후 위기와 전기 자동차 위원회를 건의하면서 가장 먼저 말한 것도 바로 인프라에 대한 이야기였다. 다음의 대화를 살펴보자.

형님 되게 뜬금없는 질문인데, 전기차 몰면서 불편했던 점들이 뭐가 있었나요? 예를 들어, 충전소라든지 기름 넣듯이 전기 주유소가 있었으면 좋겠다든지 그리고 평균 완충 시간은 어떻게 되는지 궁금해요 ㅋㅋ 뭐 글 쓸 게 있었는데 전기차 모는 사람이 형님밖에 기억이 안 나서요!

그냥 생각나는 대로 쭉 나열해 보면

1. 여전히 충전소 자체가 많지 않다.

2. 충전소가 많이 구비돼 있는 곳(ex. 우리 집, 12개 충전소)도 점차 전기차 & 하이브리드 차량이 늘어나면서 퇴근시간 후엔 자리가 없다.

3. 충전기에 따라 완충 시간이 다른데 일반적인 케이스의 경우 500km 풀 충전 시간은 대략 10시간가량

4. 슈퍼차저나 빠른 충전의 경우에도 현재 기준으로 완충 기준 10분이 넘어가기에 내연기관 주유 시간 대비 너무 길다.

추가적으로 테슬라의 문제점

전기차의 특징이라 할 수 있는 회생 제동의 감이 기타 차량 대비 심히 좋지 않다.(가속 페달을 떼는 순간 생기는 운동에너지로 전력기를 돌리는 것)

저는 다음 차를 전기차로 살 생각이 0로 바꿔있는데

만약 전기차를 구매하게 된다면 최소 2가지가 필수적으로 필요하다고 생각되는 게

1. 충전소 자체가 집 건물-직장 건물 + 주유소만큼 많이 구비돼 있을 것

2. 완충 속도가 10분 이내로 줄어들 것

슈퍼차저를 쓰는 거 기준으로 테슬라가 24km거든요
테슬라 모델3가 완충하면 500km를 주행 가능한데
테슬라의 뻥튀기 생각하지 않고 단순 계산으로 20분인데
20분보다 더 걸리는 느낌

여전히 길이 머네요
기름 넣는 것처럼 넣기 편하고 시간
이 줄어드는 게 가장 중요할 텐데
그게 안되네요

어느 정도냐면
제가 퇴근 시간이 새벽 2-3시인데
이번 주에 집 충전소에 한 칸도 자리가 없어서
화요일 이후부터 택시만 탔습니다
개빡침

헐... 이럴 수가... 이런 상황에
수소차는 더 타기 힘들겠네요

집이 주상복합이라 제법 그래도 충전기가 많은 편인데
단독주택으로 자기네 집 마당에 충전소를 만들거나
주차장 칸의 절반 이상이 충전기가 있지 않은 이상
저는 지금 기준으론 전기차 안 살 거 같아요

제가 이야기 들어도
사고 싶다는 생각이 안 드네요::
고맙습니다 행님
실제 이야기를 좀 듣고 싶었어요

ㅋㅋㅋㅋㅋ 만약에 주유 자체도 귀찮아하는
정말 불편할 거예요
긍금하신 거 있음 언제든 얘기해 주십쇼

네에! 고맙습니다^^

전기 자동차를 실제 운행하고 있는 형과의 대화에서
포인트를 쉽게 찾을 수 있었다. 따라서 위의 내용을
바탕으로 <전기 자동차 보급을 위한 대규모 충전 시설
확충>에 중점을 둔 공약을 만든다면 우리의 관심은
확연히 달라질 수밖에 없었다.

예를 들어,

① 신규 아파트 건설 시 주차장의 50%는 급속 전기 충전을 할 수
   있는 시설 강제

② 전국 모든 공영 주차장에 50% 이상 급속 전기차 충전 시설 확충

③ 신규 주유소 설립시 최소 1개 이상의 전기차 충전 시설 의무화
   (설치비 국고 보조 지원)

④ 전국 모든 고속도로 주차장 50% 이상 급속 전기차 충전 시설
   확충(향후 5년 이내)

⑤ 신규 건축물 주차장에 50%이상 급속 전기차 충전 시설 확충

⑥ 기존 건축물 주차장에 전기 충전소 설치 희망 시 국고 보조 대폭
   지원

이렇게 가안을 잡아두고, 전기 자동차에 대한 이야기를
조금 더 들여다보았다. 지난 대선 기간으로 한정했을
때, 전기 자동차 소유자들이 우려했던 점은 전력 충전
요금 할인 폐지 및 각종 국고 보조금 폐지였다. 실제로

후보자에게 보고서를 쓸 무렵이었던 2021년 말 당시 기준으로, 2022년 7월 전력 요금 특례 할인이 폐지될 예정으로 공고되었고, 전력 기본 요금도 폐지가 될 예정이었다. 이 지점은 매우 중요하다. 기후 위기 대응에 동참해서 전기 자동차를 구매했다고 말하는 국민들도 실상은 저렴한 가격이 가장 큰 매력이었던 것이다.

실제 여론조사를 살펴보아도 그렇다. 친환경 자동차 전시회 'EV 트렌드 코리아 2019' 사무국[1]은 2019년 4월 15 ~ 21일 508명을 대상으로 설문조사를 실시했는데, 전기 자동차를 사려는 가장 큰 이유로 저렴한 연료비(49%)를 꼽았고, 그다음은 세금 감면과 국고 보조금 등 지원 혜택(19%)이었다. 모두 경제적 이유였다.

우리가 기후 재앙에 관심을 가지고 모든 대선 후보들이 탄소 중립에 대해 말하고 있었지만 현실 세계에서는 경제의 논리가 가장 크게 작용하고 있었다. 2019년의 자료이지만, 이 논리는 크게 달라지지 않았다. 따라서 기후 위기 대응이라는 거대한 명분을 살리되 현실적인 공약을 만들기 위해서는 전기 자동차를 말하지 않을 수 없었다. 전기 자동차 구매 시 보조금 혜택을 다시 살리거나 유지하고, 2025년 정도까지는 전력 충전 요금을

---

할인해주겠다는 발표만이 실질적인 반응을 이끌어 낼
수 있었다. 또한 일부 지역에 해당하긴 하나, 저공해
자동차 스티커가 있으면 터널 통행료를 면제해주거나,
공영 주차장 요금을 할인해주기도 한다. 일부 지자체들이
자체적으로 보조금을 지원하고 있는데 이를 중앙 정부
차원에서 통합할 필요도 있다. 전기 자동차로의 전환은
지역의 문제가 아니라 '지구'의 문제이기 때문이다.

이렇게 실용적인 접근과 현실적인 속살을 이야기하면
불편해하시는 분들도 있다. 하지만, 현실은 현실이다.
빙하가 녹아내리고, 독일의 한 지역처럼 1000년만의
폭우가 내려 사망자가 발생하는 일들을 적어도 현재
대한민국에서는 좀처럼 찾아보기 힘들다. 직관적인
무언가가 필요했다.

전기차 이야기를 하면서 <전기차 사용자가 전해주는
전기차 이야기>라는 책의 인터뷰 내용도 첨부했다.

> 여성들 역시 전기차에 대한 매력을 느끼고 있다. (중략) "내연기
> 관차 몰 때보다 마음이 편해요. 엔진이 없으니 엔진오일, 부동액
> 을 안 챙겨도 되고 타이어 공기압 체크 말고는 차 관리를 안 해도
> 되니까요. 게다가 스마트폰으로 차량 체크도 쉽게 할 수 있고 많
> 은 면에서 달라졌어요." p169

대형 마트에 갈 때도 전기차 충전 주차장이 따로 있어 주차에 대한 고민까지 사라져 일석이조라고 했다. 이 내용까지 후보자에게 보낸 이유는 간단하다. 거대한 기후 위기를 이야기하고, 가깝게는 우리 생활에서 동참할 수 있는 방법을 이야기하고, 마지막으로 전기차의 의외의 매력 포인트까지 간담회 같은 곳에서 대통령 후보가 직접 이야기한다면 훨씬 더 공감을 높일 수 있을 것이라 생각했기 때문이다.

두 번째, 이제 다시 본질적인 전력 생산에 대한 이야기다. 먼저 문재인 정권에서 발표한 내용을 살펴보자. 문재인 정부는 2019년 6월 3차 에너지 기본 계획[2]에서 2050년 탄소 중립을 목표로 잡았다. 원전과 석탄을 대폭 감축하기로 하면서 완벽한 탈원전은 2085년으로 설정해두었는데, 이 말은 바꿔 말하면 탈원전을 외친 문재인 정권도 현실적으로는 2085년까지 원전과 우리가 공존할 수밖에 없다는 것을 인정한 것이다. 더 빨라지면야 당연히 좋지만 현실은 그렇지 못하다는 것이다. 어쩌면 이는 예견된 일이기도 하다.

지난 2017년 6월 27일 문재인 정부는 신고리 5·6호기 공론화위원회를 발표했다. 8월 24일 한국리서치

---

2) 출처 산업통상자원부 <제3차 에너지기본계획 최종 확정>
https://www.korea.kr/news/pressReleaseView.do?newsId=156334773

컨소시엄을 조사 기관으로 선정했고, 1차 전화 조사에서 무려 2만 6명의 응답을 받았다. 또한 9월 11일 시민참여단으로 500명을 선정했고 9월 16일에는 그 500명 중 478명이 천안 계성원에서 오리엔테이션을 받았다. 그 후 2차, 3차, 4차 조사를 거치며 종합 토론회를 개최했고, 89일간의 대장정 후에 공론화위원회는 신고리 5·6호기 건설 재개를 권고했다. 이를 두고 '숙의 민주주의의 실험이다'부터 '국가 에너지 정책을 국민에게 무책임하게 맡겨두었다', '빠져나가기 위한 일종의 출구 전략이었다'까지 많은 의견들이 있었지만 어찌 되었든 결과는 당시 국민들 역시 '원전을 하루아침에 폐기'하는 것은 불가능하다는 입장을 택한 것이다.

국민들은 여전히 원전이 두려우면서도 과연 원전 이외의 '전력 대안'이 있는가에 대한 의문을 완전히 씻어내지 못했다. 나 역시 일본 지진과 쓰나미로 인한 후쿠시마 원전의 위험을 잘 알고 있으면서도 과연 원전 없이 전력 수급이 가능할까에 대한 의문이 남아 있었다. 대선 후보는 이 부분을 해소해 주었어야 했다.

여기서 중요한 포인트는 에너지 정책은 의지의 문제가 아니라 신뢰의 문제라는 것.

막연히 해야 한다는 당위보다는 어떻게 하겠다는 로드맵을 제시해야 한다는 것이었다.

먼저 정부의 로드맵을 살펴보자. 2021년 8월 5일 대통령 소속 2050 탄소중립위원회는 2050년 탄소 중립 시나리오 초안을 발표했다. 1안은 석탄 발전을 7기 유지, 원전 7.2%, 전기·수소차 76% 이용, 2안은 석탄 발전 폐지, 원전 7.2%, 전기·수소차 76% 이용, 3안은 석탄·LNG 발전 폐지, 원전 6.1%, 전기·수소차 97% 이용을 통해 온실가스 순배출량 0t 달성을 한다는 것이었다. 그러면서 재생 에너지 비중을 높이는 것이 중요하지만 설치 장소 확보가 관건이라고 했는데, 태양광 발전을 위한 토지 면적이 전 국토의 3% 내외가 될 것으로 추정했다. 전 국토의 3%가 감이 잘 잡히지 않는다. 국토지리정보원에 따르면 남한의 총면적은 100,266㎢다. 이 수치에 0.03을 곱하면 3,007.98㎢다. 사실 이 수치도 확 와닿지 않아서 다른 지역에 대입해봐야 한다. 대한민국 수도 서울의 면적은 605.2㎢다. 즉 국토의 3%는 서울 면적의 약 5배에 달하는 수치고, 태양광 발전이 정부가 원하는 수치까지 나오려면 적어도 서울의 5배 정도의 면적이 필요하다는 것인데, 가능성에 의문이 붙을 수밖에 없다.

태양광 발전을 하기 위해 서울의 5배나 되는 지역에 태양광 패널을 설치해버리면 거기 울창하게 형성된 숲과 나무는 사라져야 한다. 환경을 위해 또 다른 환경을 훼손하는 것이 과연 '그린Green'이라는 단어에 어울리는 것일까 하는 생각을 지우기 어렵다는 것이다. 또한 주어진 땅에서 얼마나 많은 전력을 생성할 수 있는지를 나타낸 전력 밀도 측면에서 풍력은 태양광을 따라가질 못하고 있다. 태양광도 면적이 많이 필요한데 풍력은 그보다 더 많은 땅을 필요로 한다. 대한민국이 중국이나 미국, 러시아처럼 드넓은 땅이 있고, 사실상 버려진 땅이나 다름없는 곳이 많고 넓다면 무관하겠지만 안타깝게도 그렇지가 않다. 효율을 따질 수밖에 없는 국토 면적을 가지고 있다.

여기서 한 걸음 더 나아가 빌 게이츠는 자신의 책 <빌 게이츠, 기후 재앙을 피하는 법>에서 'Our World in Data'[3] 통계를 근거로 테라와트시당 사망 사고 비율이 원자력 발전보다 석탄 발전과 화력 발전이 압도적으로 높다고 말하고 있다. 이 사망 사고는 전기를 만드는 과정과 대기 오염 등으로 인한 환경 문제로 인한 사망을 모두 포함한 것이다. 생각해보면 우리나라에서도 태안화력발전소 사고 등의 사례가 금방 떠오른다. 내가

3) https://ourworldindata.org/

이렇게까지 논리를 이끌어 오면 마치 원전으로 갈 수밖에 없는 상황을 연출하려 한다 또는 결국 친원전주의자냐는 비판을 받을 수 있다. 아니다. 후보자에게도 이렇게 쭈욱 논리를 펼치되, 마지막에는 드라마 하나를 소개했다.

미국 HBO에서 제작한 <체르노빌>[4]이라는 드라마를 소개했다. 현재 왓챠라는 플랫폼을 통해 한국에서도 잘 번역된 상태로 시청할 수 있다. 나는 후보자에게 총 5편이지만 시간 내셔서 처음부터 끝까지 보시길 정중히 권해드리고 싶다고 말했다. 이유는 간단하다. 원전 폭발의 참혹성과 함께 체르노빌 사태 이후 소련이 택할 수밖에 없었던 사후 처리 과정을 꼭 알리고 싶었기 때문이다. 방사능 유출로 모든 기계가 멈췄을 때, 사람이 직접 들어가서 목숨을 걸고 그 잔해를 처리하는 장면 묘사가 매우 잘되어 있다. 분명 사람이 처리했는데 사람이라 표현하지 않고 바이오 로봇이라고 표현했다. 어처구니없는 일이다. 또한 체르노빌은 기술 문제도 있었지만, 결국은 '제대로 된 보고'를 하지 않은 인재(人災)였다는 것도 잘 보여주고 있다. 아무리 당대 최고의 안전한 원전 기술이 있다 하더라도 그것을 운용하는 것이 결국 사람이라면 원전의 위험은 늘 도사리고 있는 것이다.

---

4) 왓챠, <체르노빌> https://watcha.com/contents/share/tR2ewJW

가성비도 좋고, 전력 밀도도 좋고, 타 발전에 비해 사망 사고 비율까지 현저히 낮으며 심지어 온실가스도 거의 배출하지 않는 원자력을 우리가 선택할 수 없는 이유가 바로 여기에 있다. 또한 사망 사고 비율이 낮거나 설령 아예 없다 하더라도 체르노빌처럼 일본의 후쿠시마처럼 문제가 한 번이라도 발생하면 그동안의 사망 사고 비율은 무의미해져버린다. 심지어 그 땅은 최소 몇십 년에서 몇백 년은 버려진 채로 내버려둘 수밖에 없다. 땅덩어리가 좁은 대한민국의 특성상 한 지역에서라도 방사능 유출이 되어버리면 막대한 타격으로 돌아온다.

그렇다면 지난 대선에서 후보는 어떻게 하면 좋았을까? 이 모든 맥락을 이해하면서 단순히 '탈원전이냐 아니냐'를 넘어섰어야 한다. 2085년까지 원전을 순차적으로 줄여나간다는 문재인 정부의 에너지 정책 기조를 따르면서 석탄과 화력을 대폭 줄이고 재생 에너지를 확대해나간다고 말했어야 한다고 생각한다. 2021년 6월 29일 정치 선언을 한 당시 윤석열 전 검찰총장은 7월 6일 카이스트 원자핵공학과 전공 학생들과 만나서 '무리한 탈원전 정책이 재고되어야 한다'고 말했다. 보수는 노골적으로 민주당을 무리한 탈원전을 주장하는 세력으로 규정하는 것으로 프레임을 짜고 들어온 것이다.

여기서 '그래, 우리는 탈원전이다'라고 말하는 대신 순차적 탈원전보다 지금은 석탄과 화력을 어떻게 먼저 줄일 것이냐가 중요하다며 프레임을 무력화하고, 문재인 정부 초반에 시행된 공론화위를 근거로 들며 우리도 무리한 탈원전을 할 생각도, 현실적으로 할 수도 없다고 말하면서 치고 나갔어야 했다. 이재명 후보는 선거 기간 중에 '탈원전이 아니라, 감(減)원전'이라는 표현을 썼지만 결국은 탈원전 프레임에서 완전히 벗어나질 못했다. 문재인 정부 기조를 계승하면서 빈번한 산재 사망 사고, 위험의 외주화, 그리고 온실가스를 마구 내뿜는 석탄, 화력 발전을 빠르게 줄여가야 한다고 했다면 어땠을까?

후보에게 보낸 보고서에는 이것 외에도 추가적으로 참고할 만한 내용들을 첨부했다. 미국 포린 어페어스의 <Electricity Is the New Oil>[5]라는 기사를 보면, 전력 문제가 국가 안보와도 직결되어 있다고 말하고 있다. 기사의 내용은 이렇다. 지난 2021년 '다크사이드 DarkSide'라는 단체가 미국의 가장 큰 파이프라인 중 하나를 차단하기 위해 랜섬웨어 공격을 했고, 실제 이 공격으로 휘발유, 디젤, 제트 연료를 운반하는 파이프라인에서는 일시적으로 배송이 중단되었다. 이 혼란으로 평균 연료 가격이 단기적이지만 2014년 이후

---

5) 포린 어페어스, <Electricity Is the New Oil>, https://fam.ag/36jWR6C

최고 수준으로 올랐다고 한다. 기사 말미에는 국가 간의 전기 연결이 석유 수출을 위해 항로를 안전하게 유지하는 것만큼 중요하며, 더 나아가서는 냉전 시대의 핵무기 통제 만큼이나 중요하다고 말하고 있다. 중동 전쟁으로 인해 오일 쇼크가 왔던 것처럼 어쩌면 미래에 일종의 '일렉 쇼크'가 올 수도 있다. 바야흐로 에너지 국방 시대가 도래한 것이다. 이를 반대로 말하면, 전력 자족을 확립하지 않으면 에너지 식민지가 될 수도 있다는 것이다.

그리드에 대한 문제도 보고서 내용에 포함되어 있었다. 그레천 바크는 자신의 책 <그리드>에서 그리드를 네트워크와 함께 전기를 공급하기 위해 설치된 선로 및 관련 시스템 전반을 의미한다고 말했다. 번역자는 그리드는 그리드로 표현하는 것이 좋다고 말했지만 처음 듣는 사람 입장에선 여전히 이해하기 어렵다. 버스나 택시처럼 외래어이지만 우리 눈에 뚜렷하게 보이는 것이 아니기 때문이다. 따라서 나는 그리드를 전기를 생산·수송·배급까지 하는 일종의 '전력 네트워크 체계'정도로 받아들였더니, 훨씬 더 쉽게 이해할 수 있었다.

그리드를 전력 네트워크 체계로 이해하고 미국에서 실제

벌어진 일을 살펴보자. 미국의 한 지역에서 갑자기 강하게 바람이 불어 풍력 발전을 통해 원전 2기만큼의 전력이 생산되었다. 전력이 많이 생산되면 좋은 일이지만 중요한 것은 원전 2기만큼의 전력은 저장해둘 수 없다는 것이다. 이 초과 생산을 처리하기 위해 즉시 옆 지역으로 보내야 하는데 옆 지역에서도 받아줄 수 없다면 어떻게 될까? 만약 한국에서 이런 상황이 발생하면 어떻게 될까? 전기를 생산했고 보낼 곳은 없고 그리드는 버티질 못한다면, 그냥 꺼두는 것이 편할까? 그랬다가 다시 필요할 때 켰는데 그땐 또 바람이 불지 않거나 비가 그쳐 수력 발전소를 돌릴 수 없거나 안개가 끼어 태양광 발전이 안 된다면 전력 수요는 어떻게 맞출 수 있을까?

결국 그리드의 문제는 원전과 석탄, 화력을 모두 없애고 재생 에너지로 바꿔버리면 모두 해결될 것이라는 아름다운 문장을 복잡하게 만들어버린다. 따라서 나는 후보자가 전력과 탄소 중립에 대해서 말씀하실 때, 공약 이면의 그리드 문제까지 접근해서 현실적인 상황을 언급해주시는 것이 진짜 미래를 대비하는 대통령다운 면모라고 생각했다. 이 분야의 비전문가인 나조차도 책과 유튜브, 기사를 통해 충분히 알 수 있을 만한 내용이라면 당연히 대통령 후보는 그보다 나아야 한다고 생각했기 때문이다.

나는 앞서 에너지 정책은 의지의 문제가 아니라 신뢰의 문제라는 것, 막연히 해야 한다는 당위보다는 어떻게 하겠다는 로드맵을 제시해야 한다고 주장했다. 우리에겐 시간이 정말 얼마 남지 않았다. 다들 2050년을 이야기하는데 지금으로부터 고작 28년 후다. 한국의 대통령을 넘어 전 세계를 살리는 것에 동참하는 대통령이 되기 위해선 기후 위기에 대해서만큼은 '빠삭하게' 알고 있어야 한다. 이 보고서의 마지막 부분에는 연설문이나 페이스북 또는 토론회에서 직접 언급하시길 바란다며 제안한 글도 있었는데 이 부분은 그대로 첨부한다.

2025년까지 전기 자동차 국고 보조금을 연장하겠습니다. 기후 변화는 이미 현재 진행형이며, 기후 재앙이라 표현하는 것이 더 정확할 것입니다. 지구에게 남은 시간은 고작 2℃입니다. 이를 극복하기 위해 친환경 시대로의 전환을 빠르게 유도할 수 있는 정책을 내놓겠습니다.

**첫째,** 전기 자동차의 국고 보조금을 2025년까지 확대해 전기 자동차의 비율을 대폭 늘리겠습니다. 이를 뒷받침하기 위해 전기 자동차 인프라 구축에 힘쓰겠습니다.

① 전기 자동차의 충전 방식은 쉽게 완속과 급속이 있습니다. 오랫동안 머물 수 있는 주거지와 아파트, 회사 건물 등에는 완속 충전기가 50% 이상 구축될 수 있도록 지원하겠습니다. 또한, 새로 지어지는 신규 아파트와 공공 기관을 중심으로는 설계 자체를 50%로 규정할 수 있도록 하겠습니다.

② 고속도로와 공영 주차장 등 오래 머무를 수 없는 곳에는 급속 충전기 중심으로 설치를 하되, 이 역시 50% 이상 확충할 수 있도록 시스템을 정비하겠습니다.

③ 여기에 더해, 전기 충전 장치를 설치하고자 하는 어떤 곳도 지원만 하면 수요를 점검해보고 보조금을 지원할 수 있도록 해 내연 기관 자동차에서 뿜어져 나오는 탄소 배출량을 최대한 줄이도록 노력하겠습니다.

④ 전기 충전 요금 특례 할인을 2025년까지 다시 연장하겠습니다. 조만간 폐지될 전기 특례 할인이 사라지면 구매와 동시에 차량 유지비에 대한 메리트가 떨어질 수 있습니다. 이렇게 될 경우 전기 자동차를 사고 싶어도 유지비 때문에 다시 고민하는 국민들이 계실겁니다. 한시적이지만, 다시 2025년까지 연장해 유지비를 대폭 절감할 수 있도록 하겠습니다.

④-1, 현재 전기 충전 요금이 환경부와 한전, 그리고 일반 기업이 운영하는 기계에 따라 가격이 천차만별입니다. 이 금액을 2025년까지 최대한 정부가 일정하게 유지시킬 수 있도록하겠습니다. 환경부와 한전은 일반 기업이 아니기 때문에 흔히 말하는 중간 마진을 남기지 않지만 일반 기업의 제품들은 그렇지 않습니다. 따라서 소폭 가격이 높아질 수 있는데 이 부분을 정부가 보조하겠습니다. 그 대신 기업의 영업 손실 부분은 세금 감면을 통해 보상하도록 하겠습니다.

④-2, 카드에 따라서 결제가 될 때도 있고, 되지 않을 때도 있습니다. 먼저 결제 시스템을 통합해서 마치 자판기에서 음료수를 뽑아 먹듯이 가지고 있는 모든 카드나 결제 시스템을 활용할 수 있도록 결제의 편의성을 높이겠습니다.

⑤ 폐 배터리 문제를 해결을 위한 전담 기구를 설치하겠습니다. 내연 기관 자동차를 폐차할 경우에도 폐차장이 따로 있어 쓰지 못하는 엔진과 부품들을 처리하고 재활용할 수 있는 부분들은 다시 처리하고 있습니다. 전기 자동차가 주류가 된 세상에서는 더 이상 사용하기 어려운 폐 배터리 문제가 새로운 쓰레기 문제로 떠오를 것입니다. 전담 기구를 설치해 이 부분을 효과적으로 처리할 수 있도록 미리 준비해두겠습니다.

⑥ 수소 자동차를 대폭 확대하겠습니다. 현재 우리가 말하는 전기 자동차는 정확히는 배터리 전기 자동차로 휴대폰과 똑같이 전기를 충전해서 쓰는 방식입니다. 반면, 수소 자동차는 수소를 주입해 전기를 발생시키며 운행하기에 더 멀리 가기 위해, 또 더 많이 싣기 위해 배터리를 더 많이 탑재할 필요가 없습니다. 따라서 일정 기간 동안 수소 자동차와 전기 자동차는 공존할 수밖에 없습니다. 장거리, 무거운 운송에 적합한 것은 모두 수소 자동차로 바꾸기 위해 준비하겠습니다.

먼저 화물 운송을 수소 자동차로 담당하게 될 경우, 지역을 넘나

드는 고속도로를 이용할 가능성이 매우 높습니다. 따라서 전국 모든 고속도로 휴게소에 수소 충전소 설치를 의무화해서 수소 자동차 전환율을 높이도록 하겠습니다.

이와 더불어 민간 상용차에 대한 수소 충전도 용이하게 하기 위해 수소 충전소를 대폭 확충하겠습니다. 먼저 수소 충전소 부지를 마련하고, 부지 마련이 어려운 곳이라면 시도별로 주유소에 수소 충전 시스템 설치를 유도하고 정부가 설치 보조금을 지원한다면 높아지는 상용 수소 자동차에 대한 수요도 충분히 감당할 수 있을 것입니다.

⑥-1, 시내버스와 고속버스를 중심으로 수소 자동차를 보급하고, 대형 화물 운송도 수소 자동차로의 전환을 유도하겠습니다. 이를 위해 전국 모든 고속도로에 수소 충전소를 설치해 언제든지 수소를 충전할 수 있는 인프라를 구축하겠습니다. 수소 충전은 전기와 달리 내연기관 연료 주입과 거의 비슷한 시간으로 충전할 수 있어 연료 충전에 전기 자동차만큼의 오랜 시간이 필요하지 않습니다.

⑦ 제로하우스를 대폭 도입하겠습니다. 탄소 중립 사회로 나아가기 위해서는 자동차만 바꾸어선 안 됩니다. 우리 사회의 근간을 바꾸어 나가야 합니다. 이를 위해 자체적으로 전력 생산이 가능하고 내부의 에너지가 외부로 유출되는 것을 막아줄 '에너지 제로하우스' 형태를 대폭 도입하겠습니다. 현재로서는 이 건축 설비가 비용이 많이 들어 도입된 곳이 많지 않습니다.

민간 기업은 이익이 남는 곳에 효율을 따져가며 접근하지만, 정부는 효율을 생각하면서도 사회적 비전과 미래 발전 방향이 이익이라 여기며 움직여야 한다고 생각합니다. 따라서 향후 2050년까지 지어질 새로운 공공 기관의 건물에 제로하우스를 도입할 수 있도록 하겠습니다. 학교와 구청, 시청이나 도청 역사, 공공 도서관 등 공공 기관이 담당하고 있는 건물들이 많습니다. 이 분야에 정부가 나서서 탄소 중립 사회를 구축하기 위해 노력하겠습니다.

수소 자동차와 전기 자동차와의 공존과 경쟁을 단정 짓기는 어려웠지만 문재인 정부의 기조는 수소 자동차였기 때문에 공존을 택하는 방식으로 보고서를 작성했다.

추가적으로 핵융합에 대한 연구도 궁금해졌다. 핵융합이 과연 현재의 원전을 대체할 수 있을지, 실제 가능한지에 대한 답변은 전문가에게 직접 물어보는 수밖에 없었다. 이에 대해 국제핵융합실험로(ITER) 사무차장 출신 이경수 박사에게 페이스북 메시지를 보내보았다.

본부장님, 안녕하십니까? 저는 지난 2016년 문재인 대통령께서 당대표로 계실 때 영입인사 16호로 민주당에 입당해서 활동한 오창석이라고 합니다.

저는 부산 사하구에 출마해 당시 전국 최연소 국회의원 후보였고, 아쉽게도 낙선하였습니다. 이렇게 메시지를 드리는 이유는 기후 재앙과 관련해 〈그리드〉와 빌 게이츠 책 등을 보며 너무 궁금한 것들이 많아졌기 때문입니다.

실례가 되지 않는다면, 정중히 몇 가지만 여쭙고 싶습니다.

1. 본부장님의 전문 분야, ITER, 핵융합 기술은 과연 상용화되어 현재의 원전 기술을 대체할 수 있을까에 대한 원초적 궁금증입니다. 될 것 같지 않다는 의미가 아니라, 과연 언제 될 수 있을까, 그리고 언제 지금의 원전을 대체할 수 있을까가 정말 궁금합니다.

2. 당장 이 기술이 상용화되지 않는다면 기후 재앙을 피하기 위한 전기 자동차로의 전환 등, 앞으로 전력 수요가 급증할 것이 불 보듯 뻔한데 다른 기술이 상용화되기 전까지 원전은 피할 수 없는 것이 아닌가하는 생각이 듭니다. 이 부분에 대해서 어떻게 생각하시는지 너무너무 궁금합니다.

3. 서울대 원자핵공학과 홈페이지에 들어가보니, 몇몇 교수님들도 전공 분야가 핵융합입니다. 탈원전을 이야기하면 당장 원자력과 관련된 학과에 있는 학생들의 미래 취업자리가 모두 사라진다는 언론 기사들이 있는데 그 학생들이 핵융합과 관련된 일로 취업이 가능한지, 현실적으로 탈원전이 가능한 시점까지 취업에 지장을 받지는 않을지 너무 궁금합니다.

불쑥 일면식도 없는데 이런 질문 드려 매우 송구합니다만, 누구보다 본부장님이 비례 대표로 당선되어 국회에 진출하시길 바랐던 저로서, 염치 불고하고 이런 질문을 드려봅니다. 참고로 저는 현재 민주당의 직책은 없고 TV나 라디오를 통해 시사 평론가로서 활동을 하고 있습니다.

바쁜 와중에 짧게라도 답변을 주신다면 너무나도 큰 영광일 것 같습니다. 삼복더위에 늘 시원하게 보내십시오.

오창석 올림.

오창석 후보님! 관심에 감사드립니다. 간단하게 답을 해보겠습니다.

1. 핵융합 에너지 상용화

ITER에서의 500MW 에너지 출력 시점이 아마 2035년경이 될 겁니다. 전력실증 플랜트는 지금 계획으로는 2040~2045년경으로 예상되고 있습니다. 탄소 배출 석탄 발전소와 폐로되는 핵분열 발전소들을 2050년대 이후 핵융합 발전소로 대체하는 시나리오는 가능하리라 판단하고 있습니다. 다만 우리나라 같이 대형 플랜트 중공업 기술력이 있는 국가가 투자하고 개척한다는 가정하에서 그렇습니다. 그냥 아무것도 안 하면 언제 될지를 묻는 것이 무의미합니다.

2. 현재 논의되는 2050 탄소 중립 (Net-zero) 시나리오를 보면 원전은 현 상태로 가고 수명이 다하는 원자로는 폐로하는 것으로 가정하고 있습니다. 재생 에너지의 전력화와 아직 상용화가 이루어지지 않은 기술을 가정하고 있습니다. 만약 이러한 가정이 실현되지 않을 경우를 대비한 리스크 관리를 위해 SMR 등 신형 중소형 원전의 개발과 안전성 확보를 달성하고 전력원으로 활용할 준비는 필요하다고 판단됩니다.

3. 원자력과 학생들의 일자리 문제는 앞으로의 정부 정책 방향과 관련이 있으므로 지금 예단하는 것은 바람직하지 않다는 게 제 생각입니다.

본부장님! 바쁘신 와중에도 답변 주셔서 너무너무 감사합니다. 최근에 책을 읽고 생긴 의문점들에 대해 마지막으로 현장 전문가께 여쭤보고 싶었는데 친절히 답변해주셔서 다시 한 번 감사드립니다.^^ 평안한 주말 보내십시오!!

감사합니다.

이경수 박사와의 대화를 통해서 지금 당장은 핵융합 기술 발전이 어렵다는 것을 알 수 있었다. 하지만, 이경수 박사의 말대로 국가에서 핵융합 기술과 소형 원자로 개발에 꾸준히 투자한다면 다양한 미래를 열어둘 수 있다.

## • 통일이 아닌 통이를 향해

우리 세대가 더 이상 개성공단에 열광하지 않는다고 말해두었다. 그럼에도 불구하고 기성 정치인들은 이런 이야기를 남길 것이다.

'하... 진짜 북한과의 경제 협력이 우리 미래 먹거리인데 답답하네.'

우리가 더 답답하다. 그걸 몰라서가 아니라 지금 당장이 급한데 언제 열릴지도 모르는 상황에 매달리고 싶지 않다는 것이다. 불확실한 미래에 현재를 걸지 않는다. 하다못해 주식과 코인도 미래에는 반등할 것이라는 희망이 있는데 개성공단은 언제 열릴지 아무도 알 수 없다. 하지만 이를 포기해두고 절대 하지 말라는 뜻도 아니다. 뚜렷한 비전을 제시하되, 이것만으로 우리를 더 이상 납득할 수 없다는 감정을 이해해달라는 것이다.

이러한 인식의 변화는 2018년부터 충분히 감지되었다. 평창 동계 올림픽 준비가 한창이던 당시, '남북 아이스하키 단일팀'논란이 불거졌다.

그저 남북이 단일팀으로 등장해 흰 바탕에 푸른색 한반도 깃발만 나부껴도 가슴 뭉클해지는 세대가 있었던 반면, 그 속에서 실력을 쌓고 대표팀 준비를 위해 노력한 사람들에게서 기회를 박탈했다고 분노했던 세대가 있었으니 바로 그들이 지금의 10대와 20대, 그리고 30대였다. 그냥 대의명분으로 남북 단일팀을 지지하던 이전 세대와는 달리 우리 세대는 여기에 분노할 수밖에 없었다.

대표팀을 구성하려면 인원은 제한되어 있고, 남북이 단일팀을 만들면 그 인원은 더 줄어들 수밖에 없었다. 예를 들어 아이스하키 팀의 공식 인원 제한이 20명이고 남북 각각 10명씩 선출할 경우 남한의 선수 10명이 마른하늘에 날벼락을 맞아 국가대표 발탁 기회를 잃게 되는 것이다. 대의를 위해 10명 정도는 평화를 위해 물러설 수 있다고 생각했던 기성세대가 아니라, 밀려난 10명이 얼마나 이 대회를 기다렸을까, 얼마나 억울할까 하는 감정이 먼저인 우리 세대를 이해하지 못했다. 심지어 당시 이낙연 총리는 큰 말실수를 해버렸다.

이낙연 총리는 여자 아이스하키 종목에 대해 "메달권 밖에 있다" [6], "단일팀 구성, 선수 개인 욕망 넘어 역사

---

6) 한겨레, <이낙연 총리, '여자 아이스하키 메달권 밖' 발언 사과>, https://bit.ly/3rqyjmP

만든다는 자부심 가져달라"와 같은 말을 함으로써 청년 민심에 불을 질렀다. 이는 곧바로 "메달권이 아니라서 대표팀 기회는 언제든지 국가가 마음대로 박탈할 수 있으며, 거대한 정치판에서 언제든 우리 선수들을 희생양으로 삼을 수 있냐"는 비판을 받았다. 이에 대해 이낙연 총리는 이후 "오해의 소지가 있었다는 것을 인정한다. 상처 받은 분들께 사과드린다"고 했지만, 달라진 세대 인식을 고려하지 못한 뼈아픈 실수를 주워담을 수는 없었다. 이때 한 번 크게 데었다면 새로운 판을 짜야 한다는 것을 인식하고 준비를 했어야 했다.

여기서 우리는 북한과 남북한 관계에 대해 달라진 인식 3가지를 얻을 수 있다. 첫째, 우리는 우리가 노력을 한 것에 대한 정당한 보상을 원하지, 대의명분을 앞세운 막연한 희생을 참지 않겠다. 둘째, 메달권 밖에 있다는 허무맹랑한 발언에 담긴 애티튜드(attitude)에 대한 분노를 감추지 않겠다. 셋째, 우리는 지금 당장 남북을 하나로 합쳐야 할 국가로 생각할 겨를이 없다. 조금 더 디테일하게 설명하면, 우리 세대는 이미 1국가 1체제가 불가능한 것으로 생각하고 있다. 2국가 2체제로서의 공존을 지향한다.

한반도는 냉전의 희생양으로 분단이 되고, 남북 지도자의 이기심으로 그 간극을 좁힐 수 없었다. 개성공단은 언제 열릴지 모르며, 금강산 관광을 아예 경험해보지 못한 세대가 성장했다. 새 판을 짜야 한다. 예컨대 2045년쯤, 광복 100주년을 기해 남북이 마치 EU처럼 자유로운 왕래만 가능하게 되더라도 사실상의 통일 상태다. 사실상 평화의 상태다. 그렇다면 그 전까지 어떤 것을 준비해야 할지 새로운 고민을 해야 한다. 기존의 통일부가 남북간의 통신 채널과 정상 회담 및 군사 합의 등을 준비하는 곳이었다면, 평화협력부와 같이 뚜렷한 새로운 명칭을 가지고 차근차근히 접근해 나가야 한다. 그리하여 청년 세대를 포함해 모든 세대가 인정하고 이해할 수 있는 정책 비전을 제시해야 한다. 남북한을 1국가 체제로 만들기 위해 강요하고 압박하지 말아야 한다. 오히려 한반도에서 어떻게 하면 두 나라가 평화롭게 공존할 수 있을지를 고민하고 그것을 최대의 목표로 삼아야 한다.

바야흐로 통일(統一)이 아닌 통이(統二)를 향해 나아갈 때다.

## • 부동산

집은 사는 것이 아니라, 사는 곳입니다.

향후 민주당이 부동산을 대할 때, 이 문구부터 전면 수정, 부정, 폐기해야 한다고 생각한다. 온갖 멋진 척이 다 담긴 이 말은 '나만 집이 없다'는 감정을 가진 국민들의 마음을 더 이상 담아낼 수 없으며, 애초에 국가가 국민에게 집을 사든지 말든지에 대해 명령하는 것 자체가 어불성설이다. 누구나 주거의 안정을 원한다. 집을 사지 않더라도 구할 수 있어야 한다. 구한다는 표현은 단순히 매매만을 뜻하지 않는다. 매매, 전세, 월세 모두를 포함하는 단어다. 현재는 높아진 가격 때문에 전세도 구하기 어려워졌고, 월세는 구할 수는 있으나 직장인 월급만으로는 점점 더 감당하기 어려워지고 있다. 이 부분을 해결해줄 수 있어야 한다.

아름다운 슬로건에 갇혀 현실의 삶을 살아가는 국민들의 마음을 외면해선 안 된다. 인간 생활의 기본은 의식주, 이 3가지다. 옷과 음식은 싼값으로 대체할 수 있는 대체재가 많지만, 적어도 주(住), 주거는 그렇지 않다. 그리고 주거는 한 번 결정하면 옷과 음식에 비해 훨씬 더 오랫동안 이용한다. 따라서 주거에 대한 접근을 신중하게 하되 실거주(室居住)를 위한 생애 첫 주택 마련을 어떻게 가능하게 해줄지 결정하고 시행하는 것이 정부의 중요한 역할이다. 공공 주택도 좋지만 전국을 공공 주택으로 뒤덮어버릴 수 없다면 민간 개발도 함께 고려해야 한다.

진보 진영은 집값이 크게 하락할 수밖에 없다는 강박과 신념에 사로잡혀, 중산층에 막 진입한 30대들이 내 집 마련의 꿈을 접어버릴 만큼 공급을 규제하는 정책을 주로 펼쳤다.

앞서 서술했듯이, '앞으로 공급은 없다', '대출도 없다'해버리니까, 그나마 구할 수 있었던 집이 갑자기 한정판이 되어버렸고, 공급은 없다고 해버리니 남아 있는 아파트를 구하려고 한꺼번에 몰렸다. 대출도 없다고 해버리니 마지막 대출을 모두 끌어모아 이른바 영끌 대출을 했다. 어렵게 부동산을 구한 사람들은 이제 웬만큼의 가격으로는 내놓지 않으려고 한다. 부동산 가격은 이렇게 아주 자연스럽게 폭등했다.

정치가 시장에 진 것이 아니라,
정치가 인간의 본성에 진 것이다.

그리고 그 본성을 가장 세게 자극한 것은 아이러니하게도 부동산 정책이었다. 부동산에 대한 분노는 여기서부터 출발한다. 나도 내 집 마련을 하고 싶다, 더 이상 이사 가고 싶지 않다, 내 월급으로도 내 보금자리 하나는 확실하게 유지하고 싶다. 이 솔직하고도 가장 기본적인 안정적 주거에 대한 욕망과 본성을 헤아려야 한다. 인간의 역사에서 동굴 생활과 움막 생활, 초가집이 슬레이트 집으로, 한옥이 양옥으로, 다시 지하 주차장이 깔끔한 아파트로 변화해 나가는 것은 주거 환경에 대한 인간의 아주 기본적인 욕망이다. 이 욕망을 외면해선 안 된다. 무분별한 개발을 하라는 것이 아니다. 규제만으로 답이 나오지 않는 영역들이 있다. 생애 첫 주택을 구입하려는 사람과 신혼부부, 2019년 통계청 기준 처음으로 30%를 넘어 이제 700만 명을 돌파한 1인 가구를 위해 정부가 해야 할 일은 너무 많다.

평생직장이 사라졌다.

이 이야기를 단순히 직장에 국한해선 안 된다. 이 말은 곧바로 부동산과 이어진다. 평생직장이 사라졌다는 것은 언제든 이직을 할 수 있다는 것과 동시에 이직을 해야만 하는 상황 속에서 살아가야 한다는 것을 의미한다. 누구나 회사 근처에 살고 싶어 한다. 직주근접을 통해 불필요한 출퇴근 시간을 줄이고 삶의 질을 높이고 싶어 한다. 따라서 직장을 옮겨가면 자연스레 집도 옮겨가야 할 확률이 높아진다. 부동산 투기를 위해서 여기저기 옮겨다니는 것이 아니라 직장 이동에 따른 필요에 의해서 이사를 가야만 하는 사람들이 전보다 더 많이 생겨날 수밖에 없는 것이다. 정년퇴직이 아니고서야 나의 해고와 퇴직을 몇 개월 전부터 충분히 준비할 수 없고, 갑자기 난 발령을 미리 예지해서 몇 개월 전부터 이사 갈 곳을 충분히 준비할 수도 없다. 따라서 이사 가려는 사람들을 막연히 모두 부동산 투기 세력으로 매도할 수 없다. 그러나 우리 정책은 누군가를 특정하고 매도하는 것에만 집중하지는 않았는지 돌이켜볼 필요가 있다.

또 다른 사례도 살펴보자. 문재인 정부는 2017년 12월 13일, 12·13대책을 발표한다. 임대주택 등록 활성화 방안인데, 등록 임대 주택을 늘려서 세입자 보호를 강화하는 것이 목표라고 했다. 등록하는 다주택자들에게 취득세, 재산세, 종부세, 양도세, 건강보험료까지 감면해주었다. 세입자 보호라는 목표가 분명한 부동산 대책이었지만 실제 혜택은 다주택자들이 더 많이 가져갔다. 결국 시장에서 다주택자들은 이를 '집을 더 사라'는 신호로 받아들였고, 부동산 시장은 또 한 번 불이 붙었다. 다주택자들에겐 온갖 혜택이 있는 이 시기를 놓칠 이유가 없었다. 심지어 1주택자도 주택을 더 늘려 등록 임대업자가 되려고 했다. 나의 경우 이 결과에 대해 '인간의 본성에 진 것'이라고 표현했지만 적어도 정치권에 있는 사람들은 이렇게 표현하면 안 된다. 정책의 실패다. 정책은 내가 원하는 방향으로만 흘러가지 않는다. 정책학원론에 나오는 말이다. 내가 예상하지 못했던 방향으로 나갈 수도 있다는 것을 전제해서 부작용을 최소화하는 것까지가 정책의 완성이다. 12·13대책은 순기능만을 생각해서 악용될 가능성을 너무 간과했다. 그 후 무수한 부동산 대책들이 발표되었지만, 민심은 악화만 되었다.

부동산의 문제는 사는 것과 사는 곳의 문제, 평생직장이 사라진 현실을 넘어선 문제도 담고 있다. 부모의 경제력 차이로 인한 불평등이다. 사실상 결혼의 전제 조건이 되어버린 내 집 마련에도 절대적인 영향을 미친다. 이러한 상황을 <이 모든 것은 자산에서 시작되었다>라는 책에서는 이렇게 표현했다.

> 사실 이런 식으로 부모가 자식에게 제공한 재정적 도움의 총합을 고려해 보면 호주의 <엄마 아빠 은행>의 규모가 중간 규모 정도의 주택 대출 기관과 맞먹는 것으로 추정된다. 부모들이 부를 직접적으로 양도할 뿐 아니라 자녀들이 '부동산 사다리'에 올라탈 수 있도록 빚을 내고, 대출에 대한 보증을 서고, 기존의 자산을 이용해 역모기지를 받는다는 증거 또한 늘어나고 있다. p88

내 집 마련을 할 때, 아파트나 부동산을 전액 현금으로 사는 경우는 거의 없다. 현금을 그렇게 한 번에 충당하기도 어렵지만 충당한다 하더라도 투자적 관점에서도 그렇게 매입하는 경우는 드물다. 충당하기 어려운 전자의 사례가 대다수라면, 대부분은 특정한 금융 기관, 즉 은행을 통한 대출을 선택한다. 하지만 부동산 가격 급등 이후 노동 소득만으로 부동산에 접근하기 어려워졌고, 결국 '타고난'종잣돈을 얼마나 가지고 있느냐가 가장 중요해졌다. 즉, 부모의 경제력이다. 민주당은 앞으로 부동산을 이야기할 때, 노동 소득뿐만 아니라 원래 형성되어 있던 자산을 어떻게 재분배할 것인가와 없던 자산을 어떻게 형성시켜줄 것인가, 즉, 내가 노력으로 얻을 수 있는 자산 사다리를 어떻게 놓아줄 것인가를 고민해야 한다. 노파심에 말해둔다. 부모의 상속을 받을 수 없는 사람들을 위해 상속세를 강화한다는 방향으로 간다면 당장의 배아픔은 해결될지 모르나 본질적 배고픔은 해결되지 않는다. 제발 부탁인데 누구 하나, 어떤 계층 하나 찍어서 거기만 '조지면'문제가 해결될 것이라는 접근을 피하길 바란다.

부동산의 문제는 수도권에만 국한되지 않는다. 메가시티 사업을 추진하고 있는 부울경에서도 이와 같은 현상이 나타났다. 부산에는 2020년 총선 기준, 총 18개의 국회의원 지역구가 있다. 그중에서도 낙동강을 끼고 내려가는 이른바 '낙동강 벨트'는 민주당에게 '그나마'유리한 지역으로 분류된다. 기성세대가 이미 자리 잡고 있는 원도심에서 멀고 부동산 가격이 상대적으로 저렴한 신도시라 신혼부부 유입이 많고 젊은 지역이다. 선거구 이름으로 특정하면 부산 북강서(갑) 지역과 부산 북강서(을) 지역이 대표적이다. 부산 북구, 강서구 지역에서 중고등학교를 나온 청년들은 부모가 살고 있는 똑같은 지역에서 살기도 했지만, 보다 저렴하면서 그리 멀지 않은 양산으로 이사를 해서 신혼 첫 살림을 꾸렸다. 지하철이나 자동차로 금방 부산으로 진입할 수 있고 갓 입주를 시작한 새 아파트였으며 젊은 신혼 부부들이 주로 입주했기 때문에 새로 만들어진 어린이집과 유치원, 초등학교가 많았다. 이들 대부분의 생각은 서울 인근의 수도권으로 나가는 국민들의 심정과 같았다. 신혼은 여기서 시작하고, 돈을 아등바등 아끼고 모아서 다시 부산으로 재진입하려는 목표. 그런데 부동산 가격이 폭등하자, 이들은 양산에 발이 묶여버렸다. 즉, 노동 소득으로는 도저히 부산에 재진입하는 것이 불가능해져버린 사람들이 생겨난 것이다. 이건 부산 안팎으로 영향을 미쳤는데, 양산으로 나가서 신혼살림을 하려던 신혼부부들은 부동산 가격 급등으로 인해 부산은커녕 양산조차 못 들어가는 상황이 되어버렸고, 양산 거주 청년들은 부산으로 다시 돌아오는 길이 막혀버린 것이다. 이 이야기를 나는 거의 실시간으로 접했다. 본가가 여기에 있고 고등학교를 이곳에서 졸업했기 때문이다. 친구들이 어떤 생각으로 양산을 가려 했는지, 무엇 때문에 부산에 다시 들어오지 못하게 되었는지 정확하게 듣고 있었다. 부동산의 민심이 고작 수도권 2500만에만 미쳤다고 생각한다면 오산이다. 부울경 전역 800만에도 미쳤으며 이 상대적 박탈감과 나의 노동 소득으로는 절대로 부동산 가격을 잡을 수 없다는 패배감은 걷잡을 수 없이 커져만 갔다.

부산과 양산의 일만은 아닐 것이다. 또 다른 비수도권 지역에서도 비슷한 일들이 벌어졌을 가능성이 높다. 공급이 부족하다고 하니 당분간 공급을 늘리려 할 것이다.

하지만 정부가 말했던 또는 대선 당시 양당 후보가 말했던 200만 호 수준의 공급은 당장 어렵다. 수도권의 부동산 문제는 수도권에 아파트를 몇 채 더 짓느냐로 끝나지 않을 것이다. 산술적으로 서울의 북한산과 남산 등 모든 산을 밀어버리고 아파트를 짓는다고 하면 공급 부족이 해소될까? 아니다. 수도권의 인구가 비수도권을 넘어선 것은 아파트를 많이 지어서가 아니다. 결국은 일자리다. 일자리를 찾아서 비수도권에서 수도권으로 이주한 것이 수도권 인구 폭발의 가장 큰 이유다. 비수도권의 일자리를 늘리는 것과 동시에 공급도 적절히 해야 할 것이다. 부동산의 문제는 결코 부동산의 문제로만 해결되지 않는다.

## • 플랫폼 노동자

2022년 대선은 코로나 국면에서 진행되었다. 방역을 어떻게 할 것인가, 거리두기를 완화할 것인가, 접종을 어떻게 할 것인가, 손실 보상금을 어떻게 지원할 것인가 등등에 대한 이야기가 빠질 수 없었다. 대선이 임박하면 임박할수록 오미크론 변이의 약화, 그리고 충분한 접종을 통해 위·중증환자 비율과 치명률이 동시에 감소했다. 거리두기를 풀어헤칠 수밖에 없었고 이에 대해 그 어떤 정당도 다른 목소리를 낼 수 없었다. 즉, 공약에서 차별점이 생기기 어려웠다.

이러한 상황에서 중요한 것은 바로 플랫폼 노동이었다. 아주 세밀하게 접근하자면, 플랫폼 노동은 코로나 19가 전세계를 휩쓸고 가는 동안 비약적으로 증가한 비대면 배달과 보편화된 비대면 사회 속에서의 필수 노동이었다. 택배부터 음식 배달까지 우리는 대부분의 필수재를 플랫폼 노동자들로부터 얻었다. 중요한 것은 우리가 이러한 플랫폼 노동을 이용하는 소비자이면서 동시에 노동자였다는 것이다. 배달 주문만 하고 택배만 수령하면 그들이 잘 보이지 않았겠지만 우후죽순처럼 폐업을 하는 자영업자들과 축제와 같은 오프라인 문화 행사를 주로 생업으로 이어가던 사람들에겐 플랫폼 노동은 소중한 생계의 연명처이자 일자리였다. 문제는 여기서 발생했다.

소비자일 때는 보이지 않던 문제들이 플랫폼 노동 시장에 뛰어들었을 때는 보였을 것이다. 그들은 실질적으로 노동자이지만, 법률적으로는 사업자, 즉 사장님이 될 수밖에 없었다. 더 쉽게 말하면 회사가 시키는 대로 해야 하는 노동자인데, 소속된 플랫폼 회사로부터 노동자의 지위를 인정받지 못하고 법적인 보호도 받지 못하는 상태로 남아 있었다. 회사들은 줄은 세워놓되, 책임은 지지 않는 이상한 상황이었다. 이들의 수는 2021년 고용노동부의 통계[7]에 따르면, 취업자(15~69세)의 8.5%인 약 220만 명으로 나타났다. 대구광역시의 인구가 약 240만 명인 것을 감안해본다면 웬만한 광역시 인구급에 달하는 새로운 노동자 계층이 탄생한 것이다. 따라서 이 많은 노동자들이 실질적으로는 노동자이면서 노동자로서의 법적 보호를 받지 못한다면 정부가 나서야 하고, 이에 대한 법안들과 공약들을 만들어야만 했다.

플랫폼 노동자들이 겪고 있었던 문제들을 몇 가지 열거해보자. 플랫폼 기업들은 '일자리의 시대가 아니라, 일거리의 시대'라며 언제든 일을 하고 싶을 때 하고 쉬고

---

7) 고용노동부, https://www.moel.go.kr/news/enews/report/enewsView.do?news_seq=12928

싶을 때 쉴 수 있다며 홍보했지만 실상은 그렇지 않았다. 배달 노동자 같은 경우 '콜'이 언제 올지 모르기 때문에 언제든 대기 상태여야 하고, 콜을 무시해버리면 이용이 정지되어 버리는 경우가 허다했다. 또한 플랫폼 노동자에 대한 평가를 회사가 할 수 있는데, 어떠한 이유로 내가 정지되는지, 어떠한 이유로 내가 벌점을 받는지 공개가 되지 않는 회사도 있었다. 즉, 회사가 내린 지침을 준수해야 하며, 그것을 준수하지 않을 경우 즉시 이용이 정지되어 버리는, 더 쉽게 말해 언제든 실직의 상태로 내몰릴 수 있는 사실상 '통제'상태에 놓여 있는 것이다. 또한 콜을 받고 즉시 움직여야 하기 때문에 콜을 기다리는 '노동 대기 시간'이 발생한다. 내가 원할 때 가서 일하는 것이 아니라, 회사가 원할 때 언제든 일할 준비가 되어 있어야 했다. 계약서상으로 독립 계약자, 사장님일 수는 있으나 이러한 근로의 형태로 보아 분명 상하 수직적 근로관계에 놓여 있었다. 근로관계가 형성이 되었다면 1935년 와그너법이 통과된 이래 모든 노동자들에게 적용된 단결, 단체 교섭, 파업권이 인정되어야 한다. 아주 쉽게 말해, 어딘가에 속해 있는 일반 노동자로서의 대우를 받아야 한다. 마음대로 파업하라는 것이 아니라, 모든 노동자들이 당연히 누릴 수 있는 권리를 플랫폼 노동자들도 누릴 수 있어야 한다는 것이다.

플랫폼 회사들은 데이터라는 원료를 가지고 노동자를 통제하고 운용한다. 결과적으로는 고용을 회피한 상태로 회사에 줄을 세우고 마땅히 지어야 할 책임을 지지 않는 방향으로 갈 수 있다. 여기서 말하는 책임은 4대 보험이라든지 산재 보험이라든지 등등의 아주 기본적인 '노동자 대우'다.

2019년 9월 18일 캘리포니아 주지사가 서명하고 2020년 1월 1일부터 적용된 법이 있다. 일명 AB5 법안이다. AB5 법안은 플랫폼 노동자가 위와 같은 사장, 즉 독립 계약자로 잘못 분류되어 노동법의 보호를 받지 못하는 것을 막기 위해 제정되었는데, 흥미로운 것은 노동자 자신이 스스로 근로자라는 사실을 증명해야 하는 것이 아니라, 사용자가 자기와 계약한 사람이 근로자가 아니라는 사실을 증명해야 한다는 것이다. '아 다르고 어 다른'이 부분이 핵심이다. 이를 위해서는 ABC 테스트를 통과해야 하는데, 일하는 사람이 a)회사의 지휘, 통제로부터 자유롭고, b)그 회사의 통상적인 비즈니스 이외의 업무를 해야 하며, c)스스로 독립적인 고객층을 갖는 등 해당 사업에서 독립적인 비즈니스를 구축하고 있어야 한다는 것이다. 쉽게 말하면, 겉보기에는 자유로워 보이는 플랫폼 노동자들을 자율권을 가진 사장으로 볼 수 없다는 것이고,

결국 그들도 사실상 종속된 노동자 대우를 받아야 한다는 것이다.

플랫폼 노동을 이야기하다 보면 오토바이를 빼놓을 수 없다. 국내 최초 배달 노동자 노조 '라이더 유니온[8)]'을 만든 박정훈 위원장은 자신의 책, <배달의 민족은 배달하지 않는다>[9)]에서 배달 산업의 가장 큰 문제는 오토바이 보험료라고 말한다.

오토바이 보험의 종류는 3가지로 나뉜다. 출퇴근용과 무상운송보험, 유상운송보험이다. 대부분의 플랫폼 노동자가 마주해야 하는 상황은 유상운송보험이다. 중요한 것은 이 유상운송보험의 금액이 적게는 400만 원에서 많게는 800만 원에 육박한다는 것이다. 이렇다 보니 보험 자체에 가입하지 않는 배달 노동자들이 많은 것이 현실이다. 서로가 안전한 사회를 만들기 위해서 이 보험료 문제만큼은 반드시 우리 사회가 해결해야 한다.

보험료 말고도 오토바이와 관련한 문제는 또 있다. 우리나라엔 오토바이 정비 자격증이 없다. 자격증이 없다 보니 표준 공임 단가도 없다. 부르는 게 값일 수도 있다는 것이다.

---

8) 라이더 유니온 홈페이지 주소 : https://riderunion.org/
9) YES 24, 출처 : http://www.yes24.com/Product/Goods/92496552?OzSrank=2

배달 노동자에 대한 인식은 좋지 않다. 난폭 운행과 끼어들기, 소음의 문제까지 있다. 하지만 그런 불법적인 부분은 법률적으로 엄벌해야겠지만, 몇몇의 사례 때문에 플랫폼 노동자들을 외면해서는 안 된다. 코로나 19 기간 동안 배달 노동자들이 돈을 많이 번다, 배달료가 너무 비싸다는 기사도 쏟아졌지만 어느 누구도 이 직업에 대해 전도 유망한 직종이라고 말하지 않는다는 것을 명심해야 한다. 즉, 우리 사회의 저소득층일수록 플랫폼 노동자가 될 가능성이 높다는 것이다. 알렉산드리아 J. 래브넬은 자신의 책, <공유경제는 공유하지 않는다>[10]에서 이렇게 말했다. '만약 이게 정말로 사업가가 될 절호의 기회라면 왜 노동자들은 긱 경제에 종사하는 것을 부끄럽게 여기는가?'굉장히 뼈아프게 들리는 말이다.

플랫폼 노동자라고 불리는 사람들이 일거리를 찾긴 했지만 그것이 대부분 저소득층, 일용직에 집중되어 있고, 일을 일로서 제대로 인정받지 못하며, 사회적 인식 때문에 눈치를 보는 것이 현실이다. 고소득층이거나 부모가 잘산다면 언제든 선택해서 일하고 언제든 선택해서 그만둘 수 있겠지만 그렇지 않은 계층에게 노동은 선택이 아니라 필수적 생계 유지 조건이라는 점을 이해해야만 이 플랫폼 노동에 더 진지하게 접근할 수 있다.

---

10) YES 24, 출처 : http://www.yes24.com/Product/Goods/91465782

여러 가지 내용들을 바탕으로 후보자에게 이런 내용을 전달했고, 보고서를 쓸 무렵 몇몇 법안들은 이미 발의되었고, 몇몇 내용들은 이미 공약으로 만들어졌다. 그렇다면 실제 현장에서 플랫폼 노동을 하고 있는 사람들에겐 얼마나 전파가 되었을지 궁금해서 친한 형에게 질문을 해보았다.

> 형님! 저 질문 하나만 할게요!
> 쿠팡플렉스나 이런 것 일하실 때 혹시 노동법 관련 내용이나 보험이나 계약관계 같은 것에 대해 자세히 설명을 들으신 적이 있으신가요?

> 등록을 할 때 장문으로 글 뭐라뭐라 써있던거 같아요~~
> 직접 따로 자세히 설명 들은건 없어요~~

> 그렇군요. ㅜ
>
> 그러면 사실 일하시는 분들은 빨리 일하는게 중요하지, 혹시나 사고가 났을 때나 회사와의 관계에 대해서는 자세히 모르고 일하시는 경우가 대부분이죠?

> 그쵸 회사는 사실 나몰라라죠~~일하시는 분들은 자기 일 빨리하는거가 우선인 상황입니다~~

이 사람이 플랫폼 노동을 하는 모든 노동자를 대변할 수는 없을 것이다. 하지만 대부분의 현실은 이러할 것이라고 추정할 수 있다. 우리가 인터넷 사이트에 회원 가입할 때도 그걸 모두 읽어보고 모두 이해해서 가입하는 경우는 드물다. 플랫폼 노동자들도 마찬가지다. 플랫폼 노동자들을 보호할 수 있는 법안들이 쏟아진다 하더라도 정작 종사하고 있는 노동자들이 모른다면 아무런 의미가 없다. '권리 위에 잠자는 자는 보호하지 않는다'는 말이 있다 하더라도 정치는 그러면 안 된다. 노동자의 권리를 만들었다면 그 권리를 널리 알리는 것도 역시나 정치의 중요한 역할이다. 따라서 나는 많은 자료를 통해 플랫폼 노동을 공부하고 부연 설명을 했지만 최종적으로는 아래와 같이 아주 간단하게 설명해야 한다고 주장했다.

**1. 플랫폼 노동 센터를 전국적으로 구축**
   **(지자체별 구청 또는 주민센터별 설치 또는 노동청 산하)**

**2. 오토바이와 같은 이륜차 공인 정비 자격증 제도 도입**

**3. 산재 보험료 완전 정착**

이 3가지 골자만 뚜렷하게 보인다면 훨씬 더 알아듣기 쉽게 플랫폼 노동자, 즉 유권자에게 다가갈 수 있을 것이라고 생각했다. 각 지자체별 또는 노동청 산하의 플랫폼 노동 센터를 구축해서 노동자 스스로가 처한 현실, 그에 대한 권리와 혜택에 대해 모를 경우에도 언제든 찾아가 자문을 구할 수 있는 소통 창구가 있어야 한다. 적어도 지난 대선 기간 동안 플랫폼 노동은 코로나 국면의 서민의 생계가 걸린 노동이었고, 국민의 식탁이자 생계의 최전선이었다

## • 지방엔 먹이가 없고 서울엔 둥지가 없다

부산 상공 회의소는 2022년 6월 15일 보도자료 하나를 배포했다. 제목은 <부산 지역 MZ세대 구직자와 기업의 일자리 인식 조사>[11]. 부산 지역 MZ세대 구직자 200명과 지역 기업 150개사들 대상으로 구직자와 기업의 일자리 미스매칭 실태를 조사한 내용이었다.

먼저 지역 중소기업의 대다수는 MZ세대 채용이 어렵다고 답했다. 충분한 필요 인력 채용이 어렵다고 답한 기업이 전체의 62.1%였고, 아예 채용이 불가하다는 답변은 12.6%였다. 큰 문제가 없다고 답한 기업은 고작 25.3%밖에 되지 않았다. 약 75%가 인력 수급난을 겪고 있는 것이었다. 그렇다면 구직자의 희망 지역은 어땠을까? 이 조사에서 만약 구직자의 희망 지역이 부산을 벗어난 수도권이라면 애초에 기업들이 신규 채용을 하기 어렵다.

결과는 놀랍게도 구직자의 77.5%가 부산을 취업 희망 지역으로 선택했다. 지역이 무관하다는 의견은 14.5%였고, 수도권은 고작 8.0%에 불과했다. 수도권을 제외한 92%는 부산에서 취업할 수 있다는 증거였다. 지역 기업의 약 75%는 사람을 구하지 못하고 지역의

---

11) 출처 부산상공회의소 : http://www.bcci.or.kr/kr/?pCode=news&mode=view&idx=5942

인재들의 77.5%는 부산을 원한다면 그 괴리를 어떻게 설명해야 할까? 같은 설문조사에서 구인난의 가장 큰 원인으로 구직자의 희망 수준보다 낮은 임금 수준이 39%로 조사되었다. 뒤를 이어 지역 중소기업에 대한 취업 기피 기조가 24.7%, 비선호 업종 및 직무가 14.3%, 열악한 근무 환경과 미흡한 복리 후생이 9.1%였다. 말은 다르게 응답했지만 사실 다 같은 맥락이다. '다닐 만한 회사가 없다'는 것이다.

대기업과 중소기업의 차이는 비단 연봉으로 끝나지 않는다. 연봉은 시작에 불과하다. 연봉의 차이가 주택 담보의 이자율과 상환 기간, 그리고 대출 규모까지 결정짓는다. 또한 비교하기도 어려운 복지 혜택과 휴가도 한몫한다. 휴가에서 어떤 차이가 있냐고 물어본다면 간단하다. 언제든지 눈치 보지 않고 휴가를 쓸 수 있는가, 유급 휴가인가 무급 휴가인가, 그리고 출산 휴가를 쓸 수 있는가 없는가. 모두 내 인생과 직결되어 있다. 나는 부산에서 초중고와 대학교까지 나왔기 때문에 이러한 변화와 괴리를 실시간으로 감지할 수 있었고, 결국은 수도권과 비수도권의 격차를 기업의 수준과 채용 시장을 통해 풀어가야 한다고 생각했다.

부산 상공 회의소의 설문조사는 대선과 지방 선거 이후에 발표되었지만 이미 이러한 맥락의 설문조사와 통계는 충분하다. 대선 기간 중 후보자에게 쓴 보고서에는 다른 통계를 인용해서 설명했다. 2020년 통계청[12]에 따르면 부산 울산 경남의 청년 인구 유출이 해마다 약 3만 명이었고, 이 중 부산이 6,200명, 울산이 7,229명, 경남이 18,809명이었다. 떠나는 이유에 대해선 1위가 직업(일자리)였고, 2위가 교육, 3위가 주거 환경이었다. 이 통계만 보더라도 우리는 쉽게 유추할 수 있다. 주거 환경이 어떻든 간에 일자리가 있다면 지역 이동을 무조건 감수하겠다는 것이다. 교육은 광범위하지만 결국 대부분이 대학 진학이다. 그렇다면 비수도권과 수도권의 격차를 줄이기 위해선 이 이유를 뒤집으면 된다. 양질의 일자리를 유치하고 질 높은 교육 환경을 조성하면 된다. 하루아침에 되진 않겠지만 지금부터라도 노력해야 했고, 대통령 선거 시즌이라 강력한 정책으로 의지를 표명할 수 있었다. 당장 양질의 일자리 유치가 어렵다면 향후 미래를 생각해 수출을 주력으로 하는 대기업들이 국내 물류 운송비를 걱정하지 않고 제조 후 곧바로 수출할 수 있는 국제공항을 준비해야 했다. 이를 위해서는 비수도권을 또 다시 몇몇 메가시티로 분류해서 특성화, 주력 산업을 지정하고 육성하면서 산업 생태계가 조성될 수 있도록

---

12) 김경수 지사 유튜브 : https://www.youtube.com/watch?v=rN0p1hLGqZg&t=1859s

지원해야 했다. 또한 당장 공장과 산업의 생태계가 완성될 수는 없으니 지역 이전 기업에 대한 법인세를 인하하고, 이미 지역에서 기업을 하고 있는 기업들에게 법인세 인하를 해서라도 신규 채용과 기존 채용 인원의 연봉 인상을 유도해야 한다. 일각에서는 지역 인재를 채용하는 조건으로 법인세를 인하하는 일종의 페널티를 걸자 했지만 후보자에게 쓴 보고서에서는 그 내용을 빼버렸다. 이유는 간단하다. 그런 조건 없이도 지역 인재가 아니면 비수도권으로 취업하려 들지 않는다. 더 쉽게 말해 수도권에 거주하던 인력이 취업하기 위해 비수도권으로 빠져나가는 것은 매우 드문 현상이라는 것이다. 또한 한 사람이라도 수도권에서 비수도권으로 빠져나간다는 것은 반가운 일이니 역시나 페널티를 걸어둘 필요가 없었던 것이다.

부산의 인구는 직할시에서 광역시로 개편된 1995년 3,892,972명을 정점으로 단 한 번의 회복도 없이 꾸준히 감소했다. 특히나 청년 인구 유출이 심각해 7대 특별·광역시 중 최초로 '초고령사회'에 진입했다. 고령 인구 비중이 7% 이상이고 14% 미만일 경우 고령화 사회, 14% 이상이고 20% 미만일 경우 고령 사회, 20% 이상일 경우 초고령 사회로 구분되는데, 부산은 2015년 1월 고령화 사회에 진입한 후, 불과 6년 8개월 만에 초고령 사회로 진입한 것이다. 다른 지역보다 부산만 유독 시간이 빠르게 흘러간 것이 아니라, 청년층이 대거 이탈하면서 평균 연령이 확 높아진 것이 이유였다.

자, 정리해보자. 부산을 기준을 볼 때, 부산 청년들은 취업할 만한 기업이 없어서 수도권으로 떠나버린다. 일자리를 찾아서 떠난 수도권은 범접할 수 없는 집값이 형성이 되어 내 집 마련은 불가능해졌다. 지방엔 먹이가 없고, 서울엔 둥지가 없다. 이것이 작금의 대한민국의 현실이다. 먹이와 둥지가 없는 새가 알을 놓을 수 있을까? 출생률이 떨어지는 것은 국가적 위기지만, 아이러니하게도 출생률은 육아 정책만으로 해결할 수 없다. 먹이도 필요하고 둥지도 필요하다. 둥지가 서울에만 몰려 있으면 그 한정된 둥지로 모든 새가 몰려들 것이고, 모두 날아가버린 지방엔 앙상한 가지만 남아 아무도 먹을 것이 없는 폐허가 되어버린다. 이 악순환을 파격적인 정책으로라도 끊어내야 하는 것이 정치의 역할이었다.

## • 땅은 꺼져가고 있는데 천장은 터져 있다

IMF 세대들은 말한다.

'우리는 나라가 경제적으로 파산 선고를 받았는데, 너네가 뭐 힘드냐'고.

IMF로 온 나라 경제가 박살났었기 때문에 틀린 말이 아니다. 상황이 이렇다 보니, 전쟁 직후 세대들의 이야기까지 들을 필요도 없다. 마치 군대를 다녀온 사람들이 각자 자기 군대 생활이 가장 힘들었다고 말하듯이 모두가 각자의 세대가 가장 힘들었다고 말한다. 따라서 합리적으로 경제적 수치를 들이밀어도 마지막엔 감정의 영역이 포함되기 때문에 어떤 세대가 청년 시기에 이 나라 한반도에서 가장 힘들었다고 말하기 어렵다. 다만, 몇 가지 변수를 통해서 현재의 청년 시기가 정말 쉽지 않다는 것은 다시 한 번 말하고 싶다. 이유는 크게는 2가지다. 하나는 부모 자산의 격차로 인한 기회의 불평등, 또 하나는 SNS의 등장이다.

그동안 가장 힘들었던 세대를 손 들어 보라면, 앞서 말한 IMF 세대와 전쟁 직후 세대일 것이다. 하지만 이

세대들의 공통적 특징이라 하면 부모를 포함해 너 나 할 것이 공평하게 다 망했다는 것이다. 하지만 작금의 청년 세대들은 공평하게 망했다기보다는 부모 자산의 격차로 인해 불공평하게 망해가고 있다. 또한 그 격차는 단순히 빈부의 격차를 넘어 새로운 기회에 도전할 수 있느냐 없느냐의 차이까지 포함하고 있으며, 청년 시기 초반에 망해버리면 제대로 된 재도전의 기회조차 얻지 못하는 것이 현실이다. 계층 이동의 사다리는커녕 현재의 자리도 지키기 어렵고, 딛고 있는 땅마저 꺼져가고 있다는 느낌을 지우기 어렵다.

여기에 설상가상(?)으로 한국은 선진국이 되어버렸다. 2021년 7월 우리나라는 공식적으로 '개발 도상국' 그룹에서 '선진국'그룹으로 올라섰다. 1964년 UNCTAD가 만들어진 이후로 이렇게 그룹을 바꿔 상승한 국가는 우리나라가 처음이며, 이 선진국 그룹에 속하는 나라는 현재 32개국이다. 200여 개 국가 중에 최소 32개국 안으로 들어오는 나라가 된 것이며, 문재인 대통령은 2년 연속으로 G7 정상회담에 초청받았다. 명실상부한 10대 글로벌 강국이 된 것이다. 그런데 우리의 청년들은 내가 세계 10등이라는 생각을 하고 있을까? 그런 생각을 하지 못하고 있으며 그게 '찐'현실이다. 국가는 성장하는데 나는 성장하지 못하고 국가의 성장이 나의 미래와 행복은 담보해주지 못한다는 것이 지금의 청년들이 느끼고 있는 감정이다.

땅이 꺼져간다는 느낌을 설명했으니 천장이 터져 있다는 느낌을 말하고자 한다. 전쟁 직후엔 페이스북이 없었다. IMF 때는 인스타그램이 없었다. 한국전쟁이 1953년 7월 27일에 휴전했으니 그 당시엔 다 같이 못살았다고 말할 수 있겠지만, 적어도 지구 반대편 어디선가는 잘살고 있었을 것이다. IMF 때도 마찬가지다. 우리나라는 경제적으로 망했지만 또 지구 반대편 어디선가 누군가는 잘살고 있었을 것이다. 페이스북이 서비스를 시작한 것은 1997년 IMF 외환 위기가 훌쩍 지나가버린 2004년이고, 일반인들에게 모두 오픈된 것은 2006년이다. 인스타그램은 2010년에야 서비스가 시작되었고, 두 어플리케이션 모두 본격적으로 한국에서 점유율을 높인 것은 2015년 이후였다. 중요한 것은 이러한 SNS가 내가 보지 못하던, 또는 굳이 알지 않아도 되는 풍경들을 실시간으로 접하게 만들었다는 것이다.

내 주변이 공평하게 망하고 있다면 상대적 박탈감이라도 내 마음속에 끼어들지 않았을 텐데, 앞서 비유한 지구 반대편까지 가지 않더라도 같은 한국 내에서 누군가는 불공평하게 잘 지내고 있는 것이다. IMF 때도 '길거리에 차가 없어서 다니기 편하다'는 일부 부자들의 웃음소리가 있었다는 말을 종종 듣긴 했지만 이 정도로 실시간으로 '나는 힘들지 않아'하는 것을 확인할 길은 없었다. 모두가 비슷한 하늘을 바라보고 있고 모두가 비슷하게 힘들다고 느꼈는데 그렇지 않았던 것이다. 한 달 힘들게 알바 해서 1인분에 1~2만 원짜리 삼겹살을 구워 먹고 있노라면, 누군가는 실시간으로 거창한 호텔에서 10만 원에 달하는 애플 망고 빙수를 전시하고 있는 것이 작금의 상황이다.

코인도 마찬가지다. 윤석열 정부에서 2022년 7월 이른바 '코인 영끌족'에 대해 이자 감면을 해주겠다고 발표했는데, 여기에 대해 20대들이 크게 반발했다. 예를 들면 이런 것이다. 노동 소득만으로는 도저히 가계 생활을 버티기 힘들어 누군가는 월 20만 원씩 모아서 100만 원을 코인에 투자한다. 또 다른 누군가는 대출을 통해 1000만 원을 코인에 투자한다. 코인 가격이 2배로 상승할 경우 돈을 차근차근히 모아서 투자한 사람은 100만 원의 수익을, 대출을 당긴 사람은 1000만 원의 수익을 얻는다. 반대로 코인 시장이 폭락을 한다면 이야기는 달라진다. 후자가 훨씬 더 큰 피해를 입는다. 중요한 것은 감정이다. 대출을 통해 일확천금을 얻으려고 한 사람들에게 정부가 갑자기 나서서 이자를 감면해주겠다고 하면 내 먹을 것, 사고 싶은 것 줄여가면서 투자한 사람들의 마음이 어떻게 될까? 여기서 기성세대들은 '젊은 사람들이 실수할 수도 있지'라며 구제해줘야 한다고 말하지만 피 같은 내 돈 차곡차곡 모아서 투자한 20대들의 생각은 다를 수밖에 없다. 도대체 왜 대출로 한 방을 노린 사람들까지 구제해주냐며 분노한다. 이 분노 지점을 이해해야 청년들의 마음을 이해할 수 있다.

배고픔보다 배아픔을 더 견디기 힘들다. 땅은 꺼져가고 있는데 천장은 터져 있다. 이 상황에서 국가는 SNS를 끊어내고 '남들과 비교하지 말고 살아요. 나는 나로서 소중한 존재니까요. 우리 스스로 행복을 찾아요'등의 성경과 같은 슬로건, 또 서점 한편에 전시되어 있는 철학의 부재 따위를 언급할 것이 아니라 어떻게 하면 현실의 괴리를 제도적으로, 정책적으로 줄여나갈 것인가를 고민해야 한다. 그 내용이 이번 대선 기간 중의 '민생'을 읽어내는 유일한 방향이었다. 땅이 꺼져가고 있고, 천장은 터져버렸지만 우리가 정권을 잡으면 내가 딛고 있는 땅이 꺼져가는 것을 막아주고 어느 정도 천장으로 올라설 수 있는 사다리를 복원시켜주겠다고 말했어야 했다. 청년들이 다시금 희망을 꿈꾸게 했어야 했다. 이 이야기는 대선이 끝난 지금도 유효한 이야기다.

2

# 대선 때,
# 실현된 것들

### 후보자 페이스북으로 침투하기

## • 진보의 금기 깨기 – 1. 출퇴근 지옥 해소 선언

2022년 3월 대선이 끝나고 곧바로 시작된 6월 지방 선거는 대선의 연장선이나 다름없었다. 5월 19일부터 시작된 공식 선거 운동에서 눈에 띄는 대목이 있었다. 더불어민주당 경기도지사 후보인 김동연 후보가 경기도가 아닌 서울 사당역에서부터 유세를 시작한 것이었다. 김동연 후보는 사당역 4번 출구에서 유세를 시작하면서 심야 광역버스를 타고 다시 경기도로 귀가하는 경기도민들을 향해 만원 버스와 지옥철 등의 '출퇴근길' 고충을 듣고 이러한 교통 환경 개선을 약속했다. 또한 '도민에게 하루 1시간의 여유를 되돌려 드리겠다'는 교통 공약 이행 의지를 다시금 되새겼다. 서울에서 유세를 시작했지만 사실상 경기도민에게 가장 크게 어필한 영리한 유세 방식이었다고 생각한다.

앞선 대선 기간 중 이재명 후보도 이와 같은 공약을 제시한 바가 있다. 출퇴근 지옥 해소 선언이라는 이름으로 공약화 되었다. 이 공약이 김동연 후보의 공약에 영향을 주었는지 안 주었는지는 모르지만, 이재명 후보는 수도권 주민들의 교통 대란을 정확히 공감하고 이해하고 있었다. 후보자가 직접 등장한 쇼츠 영상 문구는 페이스북과 유튜브에도 동시에 업로드되었고, 이 문구는 내가 직접 작성했다.

# 진보의 금기 깨기

## 첫번째, 출퇴근 지옥 해소 선언

#토목건설을_해서라도
#출퇴근지옥을_해소할_수만_있다면

그동안 토목 건설은 진보의 금기였습니다.
하지만 그 금기를 깨겠습니다.
필요한 건물은 짓고, 필요한 다리는 놓고, 필요한 도로는 닦겠습니다.

교통 체증을 해소하고, 시간과 거리를 단축할 수 있는 건설은
과감하게 투자하고 추진하겠습니다.

### 1. 토목 건설은 환경과 물류비 절감 차원에서라도 꼭 필요합니다.

'GTX는 첫 삽을 뜰 때까지 아무도 모른다'라는 말이 있습니다. 수도
권에 신도시는 생겨났지만, 대중교통망은 충분하지 않았습니다. 대
한민국이 OECD중 평균 출퇴근 시간이 가장 높은 이유도 여기에 있
습니다. 과감하게 추진하겠습니다.

출퇴근 지옥을 해소하는 GTX에는 교통의 문제뿐만 아니라, 환경적
문제도 있습니다. 차량 정체로 인한 각종 자동차의 배기가스 문제
는 기후 위기에 대응하려는 모습과도 상반됩니다.

물류비도 절감됩니다. 전남 신안의 천사대교가 개통되고 나서 배
편으로 1시간 걸렸던 곳을 단 10분으로 지나다닐 수 있게 되었습니
다. 물류비 절감이 연간 600억 원에 이른다고 합니다. 또한, 우린
이미 거가대교의 효과도 충분히 느끼고 있습니다.

**2. 종로, 광화문, 용산과 청량리처럼 버스 전용 차로로 혼잡한 곳은 지하차로 개설도 적극적으로 검토하겠습니다.**

기술적으로 가능하냐고 질문하실 겁니다.
가능하냐고요?

가능합니다.

우린 이미 잠실역 지하 환승 센터를 경험했습니다.
당시 서울시 도시교통본부장이 지금 더불어민주당의 윤준병 의원입니다.

버스는 버스대로 막힘없이 달리고
승용차는 승용차대로 막힘없이 달릴 수 있는 혁신적인 교통 체계를 구축하겠습니다.

부산의 BRT도 더욱더 효율적인 방안이 있다면 함께 고민하겠습니다.

**하나만 생각하겠습니다. 출·퇴·근·지·옥·해·소!**

**이재명은 합니다.**

**직장인의 출퇴근 지옥을 해소합니다.**

이 공약은 대선 공식 선거 운동 시작 하루 전인 2022년 2월 14일에 업로드가 되었다. 서울 곳곳을 다니며 느꼈던 교통 체증과 불만을 한꺼번에 해소해주길 바라는 마음에서 공약을 만들고 추천했으며, 결정적인 계기는 서울 마포구의 월드컵대교였다. 월드컵대교는 2021년 9월 1일 12시에 개통되었는데, 중요한 것은 월드컵이라는 명칭이 2002년 한일 월드컵을 기념하기 위해 지어졌다는 것이다. 2002년으로부터 거의 20년, 실제 2010년 4월 29일 착공으로부터는 10년을 넘겨 개통한 것이다. 원래는 2015년 8월에 완공될 예정이었으나, 예산 삭감으로 인해 공사가 더디게 진행되었다.

의도적인 예산 삭감으로 인해 공사가 지연될 경우, 시간이 지남에 따라 상승하는 인건비, 원자재 값을 그대로 서울 시민의 세금으로 충당해야 한다. 공사가 삽이 아닌 티스푼으로 땅을 파내는 것처럼 천천히 진행된다 하여 이른바 '티스푼 공사'라는 비판을 받았다. 짓기로 한 다리는 하루빨리 짓는 것이 맞다. 그리고 그것이 직장인들과 서울 시민, 나아가 경기도민의 출퇴근 시간까지 단축시킬 수 있다면 지연시킬 이유는 하나도 없다.

## • 진보의 금기 깨기 - 2. 법인세 인하 선언

2022년 6월 윤석열 정부는 법인세 최고세율 인하 정책을
발표했다. 기업을 살리고 고용을 늘리겠다는 취지였는데,
중요한 것은 법인세 최고 세율을 25%에서 22%로 인하할
경우 이 기준을 적용받는 기업은 고작 80여 개밖에 되지
않는다는 것이다. 나라살림연구소는 6월 22일 '법인세
최고세율 인하 정책에 대한 평가'보고서를 통해 2020년
기준으로 법인세 최고 세율을 적용받는 과세 표준 구간
3천억 초과 기업은 고작 80여 개밖에 되지 않으며 이는
법인세 신고 법인수 약 83.8만 개를 기준으로 본다면 상위
0.01%에 해당한다고 발표했다. 또한 법인세는 기업에
이익이 발생할 때만 해당 이익에 과세하는 세금이라,
실제로 흑자가 발생하여 법인세를 납부할 흑자 법인
수를 약 53.2만 개로 추산한다면 상위 0.02%에만 해당될
정책이라고 발표했다.

대선 기간 동안 이재명 후보도 법인세 인하에 대한
이야기를 남겼다.다만 윤석열 정부가 시행한 정책과는
많이 달랐다. 먼저, 대상을 과세 표준 구간이 아닌
지역으로 분류했다. 비수도권의 기업에게만 해당되도록
했다. 이는 내가 후보자에게 보낸 보고서 등을 토대로

줄기차게 요구한 비수도권 부활, 지방 경제 살리기의 일환이었다. 더 정확히는 수도권과 비수도권의 격차 해소가 핵심이었다. 중소기업뉴스는 2022년 3월 28일 기사 <대기업집단 계열사 75% 수도권 집중... 지역경제 쇠락 부추긴다>[13]를 통해 대기업 본사 75% 가량이 수도권에 편중되면서 자원과 인재를 블랙홀처럼 빨아들이고 있다며 경고했고, 금융감독원 전자공시시스템 기준으로 분석한 결과 대한민국의 대기업 중 절반 이상인 무려 908개(52.1%)가 서울에 있었고, 경기도는 327개(18.8%), 인천은 55개(3.2%)였다. 부산은 고작 28개, 경남은 37개, 울산 36개로 메가시티를 조성하고 있는 부울경을 모두 합쳐봤자 101개로 경기도의 1/3도 되지 않는 숫자였다.

그렇다면 수도권의 기업들은 비수도권의 어떤 점을 가장 불편해할까? 부산의 대표적 지역 언론사인 국제신문은 2022년 5월 19일 기사 <수도권 대기업들 "비수도권 이전 때 교통물류 애로 가장 커">[14]를 통해 한 조사를 발표했다. 전국경제인연합회가 모노리서치에 의뢰해 매출액 1000대 기업을 대상(152개사 응답·2022년 4월 11~27일)으로 '기업의 지방 이전 및 지방 사업장 신·증설에 관한 의견을 물은 조사였는데, 헤드라인처럼 대기업들은 비수도권 이전의 가장 큰 장애 요인으로 시간·비용 증가 등 교통·물류

---

13) 출처 : http://www.kbiznews.co.kr/news/articleView.html?idxno=90760
14) 출처 : http://www.kookje.co.kr/news2011/asp/newsbody.asp?key=20220519.99099005612

애로(23.7%)를 꼽았고 그 뒤를 이어 기존 직원 퇴사 등 인력 확보 애로(21.1%)라고 답했다. 가덕 신공항이 다시금 뼈아프게 느껴지는 대목이었다. 또한, 기업들은 수도권의 기업이 비수도권으로 가기 위해서는 교통·물류 인프라 지원(22.8%)이 가장 필요하다고 답변했고, 그다음으로는 인력 확보 지원(18.6%)과 세제 혜택 및 설비 투자 지원(14.5%), 규제 및 제도 개선(12.9%), 사업장 부지 제공(12.1%) 등의 순이었다.

수도권의 기업을 분산시켜야만 지방에 먹이가 생기고 지방에 먹이가 생겨야만 막연히 서울로 둥지를 틀려고 올라가는 사람들을 붙잡아 둘 수가 있다. 당장 수도권의 기업들이 비수도권으로 내려오지 않는다면, 가장 먼저 해야 할 일은 비수도권의 기업들이 수도권으로 올라가려는 것을 잡아두는 것이다. 그게 첫걸음이다. 그리고 나서 수도권의 기업을 비수도권으로 이전하도록 유도해야 한다. 그에 해당하는 공약이 바로 두 번째 진보의 금기 깨기, 법인세 인하 선언이었다. 법인세 인하로 눈을 확 끈 다음, 비수도권의 부활에 누구보다 큰 관심을 가지고 있다는 것을 알리고 싶었다. 하지만 작은 난관이 하나 있었다. 예상했던 난관이기도 했다.

민주당 내의 수도권 국회의원들의 반대였다. 국민의 힘까지 갈 필요도 없었다. 수도권의 인구가 늘어나면서 비수도권의 국회의원 지역구는 합구가 되고, 수도권의 국회의원 지역구는 분구가 되었다. 인구 비례에 따라 수도권 의석 수가 계속해서 늘어난 것이다. 만약 이 공약이 잘 정착이 된다면, 정확히 말해 비수도권이 다시 활성화될 경우, 수도권 의석수가 줄어들 수밖에 없었고, 필연적으로 민주당 내의 수도권 의원들이 반대할 것이 자명했다. 사실 반대하길 바란 점도 있었다. 이 공약은 앞선 첫 번째 금기 깨기와는 사이즈가 다른 공약이었고, 논쟁이 붙으면 붙을수록 이재명 후보에게 유리하다고 생각했다. 후보 역시 마찬가지였고, 다른 의원들이 반대하더라도 반드시 관철시켜야 한다고 말했다. 당내의 불만이 있었고, 나는 다시 그들을 설득하기 위해 아래와 같이 글을 썼다.

## • 비수도권 원형지 개발에 대한 정책 제안의 이유

먼저, 아무리 후보자님과 영상을 찍었다고 하더라도 이 정책 제안에 대한 내용이 워낙 파격적이라 당황스럽기도 하고, 부담스러울 수도 있다는 것을 잘 알고 있습니다.

이에 조금이라도 설득을 구하고자, 이 정책 제안의 배경과 후보자님을 설득한 배경에 대해 설명드리고자 합니다.

### 1. 먼저, 서울의 평균 원룸 월세 가격입니다.
한국경제 <"이 집은 창문이라도 있네요"…원룸살이 청년들 '기막힌 현실'>[15]
위의 기사에는 이러한 내용이 나옵니다.

"부동산 플랫폼 다방에 따르면 서울의 전용면적 10평(33㎡) 이하 원룸의 평균 가격은 2019년 보증금 1천만 원에 월세 53만 원이었지만, 지난해에는 보증금 2,703만 원에 월세 40만 원(관리비 제외)으로 높아졌다. 최저임금을 받는 근로자가 서울에서 원룸 자취를 하면 수입의 22% 이상을 주거비에 지출하는 셈이다. 생활비와 관리비를 더하면 주거비 부담은 더욱 늘어난다."

2019년 보증금 1천만 원에 월세 53만 원에서 2021년에는 보증금 2,703만 원에 월세 40만원이 되었다고 합니다. 자칫 월세가 줄어들었나?라는 생각이 들 수도 있지만 보증금이 100만 원 높아질 때마다 월세가 1만 원 삭감되는 것에 비유하자면, 2019년 보증금 1천만 원에서 2,703만 원이 될 때까지 월세는 약 27만 원 상승했다고 볼 수 있습니다. 그렇게 된다면 2021년 서울 평균 원룸 월세 가격은 67만 원이라는 결과가 도출됩니다.

---

15) 출처 : https://www.hankyung.com/realestate/article/2022012807236

비약적이라고요? 아닙니다. 맞습니다. 제가 살고 있는 상암동은 보증금 1천만 원에 월세 60만 원이 기본이 되었고, 조금만 넓어지면 이 월세는 70만 원을 뚫고 나가버립니다. 또한, 대부분 원룸 자취하는 사람들은 타 지역에서 직주근접을 위해 홀로 독립한 1인가구로서 자신의 월급의 최소 40%에 육박하는 금액을 지출하고 있습니다.

연봉 3천만 원의 직장인의 월 실수령액은 고작 224만 원 전후가 됩니다. 여기에서 60만 원이 월세로 지출되고, 관리비와 통신비, 교통비를 포함하면 거의 100만 원에 육박하는 '고정지출'이 발생하게 됩니다. 절반에 가까운 금액이 그냥 숨만 쉬어도 나가는 지경입니다. 연봉은 연차에 따라 오르겠지만, 큰 폭으로 상승하지 않는다면 이 부담은 직장인들에게 결코 작지 않습니다.

### 2. 서울에 비해 연봉 2천만 원이 적어도 부산이 낫다.

부동산 이야기만 나오면 가장 먼저 등장하는 '부동산 중위값'을 언급하고 싶습니다. 서울은 10억입니다. 부산은 얼마일까요?

국토일보 <광역시 아파트 중위값 '대전 1위'… 추가 상승 기대감 '高'>[16] 위의 기사에 따르면 대전이 광역시 중에 가장 높아서 3억 7,775만 원이고, 부산은 3억 6,774만 원입니다. 바꿔서 설명하면 부동산 중위값이 약 6억 3천 만원 정도가 차이가 나는 것입니다. 상황이 이러니, 부산을 포함한 비수도권의 청년들은 연봉이 2~3천이 낮아도 자신이 원래 살고 있던 지역에 머무르고자 하는 경향이 뚜렷해집니다. 간단한 이유입니다. 연봉 3천만 원이 차이 난다 하더라도 10년을 모아봤자 3억입니다. 서울에서 3억을 가지고 집을 구한다는 것은 불가능합니다.

10년을 노력해도 불가능한 곳이라면 당연히 가지 않는 것이 좋은데도 불구하고 왜 비수도권 청년들은 서울로 향할까요? 이것 역시 간단합니다. 지방에 양질의 일자리가 없기 때문입니다.

---

16) 출처 : http://www.ikld.kr/news/articleView.html?idxno=241388

### 3. 그래서 지방 기업을 보호하는 것이 중요합니다.

후보자님도 얼마 전 페이스북 글을 통해 포스코의 서울 본사 이전을 반대했습니다. 그런데 그걸 막아선다고 기업들의 '서울행'이 멈춰질까요? 아닙니다. 서울을 가지 않으면 국제 경쟁력이 뒤처지는데 안 가는 기업이 더 미친 것입니다.

그렇다면 국제 경쟁력이란 무엇일까요? 국내 최고의 인재들이 모여들고, 서로 시너지 효과를 내며 수출로 먹고사는 기업들에겐 수출이 용이하고 해외 바이어들이 편하게 찾아올 수 있는 곳이어야 하는데, 지금은 인프라도 서울, 국제 공항도 인천이라 모든 것이 수도권에 '몰빵'되어 있습니다.

가덕 공항은 단순히 24시간 뜨고 내리는 공항이 아니라, 이러한 배경 속에 탄생한 것입니다. 국제 공항이 있어야만 서울로, 인천으로 향하지 않더라도 동남권에서 자생이 가능한 것입니다. 여기서부터 비수도권 공약을 다시 점검해야 합니다.

### 4. 우리도 서울로 가고 싶지 않다.

다시 말씀드리지만, 서울이 마냥 좋아서 지방 청년들이 상경하는 것이 아니라, 내가 나고 자랐던 동네에 제대로 된 기업이 없기 때문에 어쩔 수 없이 상경하는 것입니다. 그렇다면 답은 간단합니다. 지방에 기업을 과감하게 유치하고, 있던 기업이 서울로 떠나지 않도록 해야 합니다.

최근, 부산, 울산, 경남 상공 회의소장들은 지방 기업 법인세 인하를 외쳤습니다. 국가 균형 발전 지출액이 16조이고, 지방 법인세 징수액이 15조입니다. 16조를 써서 15조를 거뒀다면 1조의 손해가 발생했습니다. 돈을 지출하지 않고 차라리 법인세를 인하해서 지방 기업들이 지역 인재를 채용하고 기업의 경제적 숨통을 틔워 R&D 투자를 한다면 어떻게 될까요? 당장은 성과가 나타나지 않을지 모르나, 청년 인구의 외부 유출을 막는 '댐'의 역할을 하는 것과 동시에 지방 기업의 자생력을 제고할 수 있습니다. 따라서 원래 지방에 있는 기업들에 대한 법인세 인하 혜택이 필요합니다. 그냥 혜택을 주기 싫으면 청년 고용 증대세를 통해 지역 인재 채용을 할 경우 1명당 법인세 인하 조건을 내세우면 됩니다.

마지막으로 부울경 상공회의소와 경제인들의 지지 선언을 이끌어낼 수 있습니다. 결국 이번 선거의 핵심은 '먹고사니즘', 즉 경제입니다. 누가 경제를 더 잘 살릴 수 있을까를 고민해야 합니다. 위기에 강한 유능한 경제 대통령이랑 슬로건 말고, 어떻게 하면 진짜 살릴 수 있는 정책을 홍보할 것인지 고민할 때입니다.

### 5. 서울 사람들도 좋아합니다.

비수도권 투자, 지방 법인세 인하를 외치면 서울과 수도권 사람들은 마냥 싫어할까요? 아닙니다. 제 친구는 카이스트를 졸업하고 박사까지 마치고 서울에 취업해 있습니다. 그런데 이 친구는 고향 부산이 너무 좋아 내려가고 싶지만 마땅한 기업이 없어 내려오지 못하고 있습니다.

어쩌다 대구나 전남에 연구소 자리가 나와도 '왜 다운그레이드해서 지원하냐?'는 질문을 받고 떨어지기 일쑤입니다. 서울엔 지금 이러한 친구들이 많습니다. 내려오고 싶어도 이제 내려갈 수가 없습니다. 지역에 마땅한 기업이 없기 때문입니다. 부산에 기업이 없어서 서울로 갔다가 능력을 인정받아 취업을 한다하더라도 살인적인 부동산 가격에 좌절하고 다시 내려오고 싶어도 직장이 없어서 내려오지 못하는 슬픈 현실이 작금의 대한민국의 모습입니다.

서울 부동산 가격은 서울로 진입하려는 부동산 '대기 수요'가 사라

지지 않는 한 절대로 빠지지 않습니다. 바라옵건데, 노무현 대통령이 행정수도 이전과 공공기관 지역 이전을 통해 지방을 살리고 국토 균형 개발에 나섰다면, 이재명 후보께서 그 마지막 단추인 기업을 살리는 방향으로 비수도권, 즉 지방 살리기에 나섰으면 좋겠습니다.

지방 소멸은 대한민국 공멸이고,
대한민국 공생은 오직 지방 경제 부활만이 정답입니다.

진보의 금기라는 굴레에 갇혀서,
지지율의 숫자에만 갇혀서 정작 대한민국이 나아가야 할 길을 놓치질 않길 바랍니다.

수도권도 2,500만이지만,
지방에도 2,500만 국민이 살고 있다는 것을 명심해주십시오.

감사합니다.

이 글을 다시금 반대하는 의원들과 정책팀으로 발송했고, 이재명 후보에게도 전달했다. 후보는 다시 한 번 나를 믿고 추진하라고 했고, 이 의견은 대선 캠프로 직행했다. 결국 후보의 용단으로 아래의 공약이 업로드되었고, 문구는 역시 직접 작성했다.

## 진보의 금기 깨기

### 두 번째, 법인세 인하 선언

#법인세_인하를_해서라도
#일자리를_창출할_수만_있다면

### 1. 취업의 남방한계선을 뚫어라!
그동안 법인세 인하는 진보의 금기였습니다.
하지만 그 금기를 넘어설 때입니다.

한반도는 남과 북으로도 갈려 있지만,
수도권과 비수도권으로도 나뉘어 버렸습니다.

일자리가 수도권에만 쏟아지는 현상,
이른바 취업의 남방한계선을 뚫어줘야 할 때입니다.

### 2. 광역시급에도 법인세 인하를!
부산광역시가 광역시 최초로 초고령 사회로 진입했습니다.
다른 지역보다 청년 인구 유출이 유독 심했던 결과입니다.

대한민국 제2의 도시에 마저 지방 소멸의 기운이 도사리고 있다면
과감한 경제 활성화 정책을 펼칠 때입니다. 인천까지 오지 않더라도
24시간 이용 가능한 가덕 신공항을 필두로, 정밀 전자, 정밀 기계 등
의 수출 관련 기업을 유치하도록 노력해야 합니다. 지방으로 이전을
원하는 기업에게는 2030년까지 법인세 완전 감면을 검토하고, 포
스코와 같이 지역 기반 대기업이 서울로 본사 이전을 하려고 한다면
또 다른 혜택을 주어 지방을 지킬 수 있도록 유도해야 합니다.

특정 회사에게 특혜를 주는 것이 아니라, 포항 시민을 포함한 지방의 일자리와 삶의 터전을 지켜주는 것입니다. 또한, 부산 진해 자유구역의 산업용지가 포화 상태라 기업이 입주하고 싶어도 입주할 수 없습니다. 그린벨트를 해제해서라도 지방 경제를 활성화할 수 있도록 준비해야 합니다.

지방으로 이전하는 기업들에 대한 2030년까지의 파격적 법인세 감면과 함께 동시에 논의되어야 할 것이 이미 지방에 자리 잡고 있는 기업에 대한 법인세 인하입니다.

2020년 정부가 편성한 국가 균형 발전 예산은 16조 6천억 원 정도입니다. 같은 기간, 법인세 징수액은 15조 6천억 원입니다. 투입 금액 대비 징수액 차이가 불과 1조라면 조금 더 파격적으로 지방 기업들에게 법인세 인하를 하여 지역 기반 인재를 채용하게 한다면 청년 인구 유출의 '댐' 역할을 해낼 수 있습니다.

마지막으로 판교의 테크노벨리와 같은 창업 지구를 지정해, 부울경의 대기업들과 대표 산업이 직접 연계하고 교류할 수 있는 기업 터전을 조성하겠습니다.

### 3. 지방 대학과 기업의 직접 연계를!
지방의 산업단지와 기업 연구소 있지만, 교통 접근성이 낮고 대학생 및 청년층이 접근하기 어려운 현실입니다. 이에, 대학교 부지내에 기업이 직접 투자할 수 있는 공동 연구 단지와 기업 연구소를 지을 수 있다면 지역 인재를 채용하기도 쉽고 기업이 원하는 분야도 집중 투자할 수 있습니다.

가능하냐고요?
가능합니다.

이미 우리 더불어민주당의 이광재 의원이 지난 2020년 11월 발의해, 2021년 9월 29일 본회의를 통과한 '산업집적활성화 및 공장설립에 관한 법률 개정안(이하 산업집적법)'이 있습니다. 기업이 대학과 직접 연계해 비수도권을 살릴 수 있다면 정부가 나서서 도와야 합니다.

· 지방으로 이전하는 기업에게 법인세 인하를 통해 지방 경제 활성화를!
· 이미 지방에 있는 기업에게 법인세 인하를 통해 청년 인구 유출 방지를!
· 그린벨트를 해제해 지방으로 이전하고 싶어 하는 기업에게 용지 제공을!
· 기업과 대학이 직접 협력해 대학생부터 일자리 연계를!

지방 소멸이 대한민국 공멸이라면
대한민국 공생을 위해,
비수도권 파격 지원을 선언합니다.

이재명은 합니다.
지방 경제를 반드시 부활시킵니다.

2월 14일 쇼츠 영상과 함께 이 공약은 후보자의 페이스북과 유튜브에 업로드되었다. 나는 코로나 오미크론 변이 바이러스 감염으로 자가격리에 돌입했는데 차라리 잘됐다는 생각으로 이 공약을 더 전파할 방안을 강구했다. 먼저 부산 시당의 박재호 의원에게 연락을 해 지지 선언을 부탁했고, 강훈식 전략기획본부장을 통해서도 지지 선언을 부탁했다. 이윽고, 강훈식 의원이 다른 의원들을 설득해 2월 28일 충북, 충남, 세종 더불어민주당 국회의원

12명 전원은 이재명 후보의 '지방기업 법인세 감면 공약 지지 성명을 발표했고, 박재호 의원은 부산 시당 전체를 설득해 지지 선언 기자회견을 열었다.

당시 부산 시당 위원장이었던 박재호 의원은 지지 선언과 동시에 여기서 한 발짝 더 나아가 공약의 세부 사항을 아래와 같이 다듬었다.

### 이재명 후보 지방 기업 법인세 감면 공약 지지 선언

이재명 후보가 발표한 지방 기업 법인세 감면 공약을 적극적으로 지지합니다.

지난 2020년 처음으로 수도권 인구가 비수도권 인구를 초월한 데 이어 비수도권의 청년 인구 유출이 가속화되고 있습니다.

부산은 광역시 최초로 만 65세 이상이 20%가 넘는 초고령사회로 진입했으며, 청년 인구는 매년 1만 명씩 떠나가는 도시가 되었습니다. 대한민국 제2의 도시인 부산마저 상황이 이렇다면 나머지 지방 도시 상황은 불 보듯 뻔합니다.

이재명 후보는 지난 15일 지방 기업 법인세를 감면하겠다는 공약을 발표했습니다. 이 공약은 부산광역시를 포함한 비수도권의 모든 지방 기업 법인세를 감면해 수도권 기업들의 지방 이전을 유인하고, 지역 청년들에게 일자리를 제공하여 청년 인구 유출을 막는 '댐' 역할을 할 수 있을 것입니다.

이재명 후보가 발표한 공약의 구체적 내용은 다음과 같습니다.

**첫째, 현재 지방 이전하면 받을 수 있는 법인세 100% 감면 기간이 7년에서 11년으로 대폭 늘어납니다.**

현행법상 중소기업이나 법인이 수도권에서 비수도권으로 이전하는 경우 법인세 100% 감면은 최초 7년, 이후 3년은 50%가 감면됩니다. 이재명 후보는 100% 감면은 최초 11년, 이후 5년은 50% 감면을 약속했습니다.

<참고1> 이재명 후보 지방 이전 기업 법인세 감면 공약

| 구분 | 현행 | 이재명 후보 공약 |
|---|---|---|
| 중소기업의 공장이전 법인세 감면 | • 수도권 과밀억제권역 밖 이전<br>: 최초 7년 100% + 이후 3년 50% | • 수도권 밖 이전<br>: 최초 11년 100% + 이후 5년 50% |
| | • 수도권 외 광역시 등 이전<br>: 최초 5년 100% + 이후 2년 50% | |
| 법인의 공장·본사 이전 법인세 감면 | • 수도권 밖 이전<br>: 최초 7년 100% + 이후 3년 50% | • 수도권 밖 이전<br>: 최초 11년 100% + 이후 5년 50% |
| | • 수도권 외 소재 광역시 등 이전<br>: 최초 5년 100%+이후 2년 50% | |

**둘째, 이미 지방에 자리 잡고 있는 지방 기업들에게도 법인세 감면을 대폭 확대합니다.**

지방 소재 대기업은 특별감면 세액감면제도를 신규로 도입하여 법인세를 감면(15%)하고, 소기업과 중기업은 법인세 감면율을 두 배로 상향합니다. 이를 통해 청년 인구 유출 방지와 함께 일자리 폭탄과 기업 주도 성장을 이끌 수 있는 지방을 만들 것입니다.

<참고2> 이재명 후보 지방 소재 기업 법인세 감면 공약

| 구분 | 현행 | 이재명 후보 공약 |
|---|---|---|
| 지방 소재 기업 | <신 설> | • 지방 소재 대기업특별 세액감면제도 도입<br>· 특별세액 감면율 : 15% |
| | • 소기업<br>· 도소매.의료업 등: 10%<br>· 제조업 등 기타업종: 30% | • 소기업 (2배 상향)<br>· 도소매.의료업 등: 20%<br>· 제조업 등 기타업종: 60% |
| | • 중기업<br>· 도매업 등 5%<br>· 제조업 등 기타업종 15%<br>· 지식기반 산업 15% | • 중기업 (2배 상향)<br>· 도매업 등 10%<br>· 제조업 등 기타업종 30%<br>· 지식기반 산업 30% |

셋째, 공단이 들어서고 싶어도 공장 부지가 없는 지방에는 그린벨트를 해제해서라도 지방에 기업을 유치할 것입니다. 또한, 공장 부지와 상하수도 시설 마련 등의 인프라 시설까지 모두 책임질 것입니다.

넷째, 「산업집적법」을 근거로, 기업과 대학이 직접 연계할 수 있도록 할 것입니다. 대학교 내에 기업의 연구소와 창업센터를 유치해 대학을 다니면서부터 기업과 연계한 활동을 지원하고 직무 연관성을 높일 것입니다.

비수도권에서 창업하는 중소기업에 대해서는 5년간 법인세 50% 감면을 대폭 확대해 최초 11년간 100% 감면, 이후 5년간 50% 감면이 이뤄질 예정입니다.

<참고3> 이재명 후보 지방 소재 창업기업 법인세 감면 공약

| 구분 | 현행 | 공약제안 |
|---|---|---|
| 창업중소기업에 대한 법인세 감면 | • 수도권 과밀억제권역 밖 창업 시 : 5년간 법인세 50% 감면 | • 수도권 밖 창업 시 : 최초 11년 100% + 이후 5년 50% |

원래 징수했던 세금이 크게 줄지도 않습니다. 2020년 기준 법인세 징수액은 55조 5,132억 원입니다. 이 가운데 수도권 징수액은 39조 8,240억 원으로 71.7%, 비수도권은 28.3%로 15조 6,892억 원입니다. 2020년 국가 균형 발전 예산은 16조 6천억 원입니다. 투입 대비 징수액이 훨씬 더 적었다면 기업 스스로가 자생할 수 있는 정주 여건을 만드는 것이 급선무입니다.

지방기업 법인세 감면을 통한 지방 살리기에 나서지 않는다면, 비수도권의 인구는 계속해서 빠져나가고, 수도권의 인구만 폭발적으로 증가할 것입니다.

대한민국 5천만 명 인구 중에 수도권에만 3천만 명, 4천만 명이 살아가는 상황이 되어서는 안 됩니다. 수도권 부동산 가격·폭등도 결국은 수도권으로만 유입되는 부동산 대기 수요 때문입니다.

수도권 과밀을 해소하고 지방과의 균형 발전을 위해 특단의 대책이 필요합니다. 지방 소멸이 대한민국 공멸이라면 대한민국 공생을 위해 지방 기업 법인세 감면은 반드시 필요합니다.

이재명 후보가 제시한 지방기업 법인세 감면 공약은 부산시 청년들에게 일자리 폭탄을 주고 부산시 미래를 위해 반드시 필요한 공약인 만큼 적극 지지합니다.

더불어민주당 부산시당위원장 박재호

<이재명 후보 지방기업 법인세 감면 공약 (안)>

| 구분 | 현행 | 공약제안 |
|---|---|---|
| 중소기업의 공장이전 법인세 인하 | • 수도권 과밀억제권역 밖 이전<br>: 최초 7년 100% + 이후 3년 50%<br><br>• 수도권 외 광역시 등 이전<br>: 최초 5년 100% + 이후 2년 50% | • 수도권 밖 이전<br>: 최초 11년 100% + 이후 5년 50% |
| 법인의 공장 · 본사 이전 법인세 감면 | • 수도권 밖 이전<br>: 최초 7년 100% + 이후 3년 50%<br><br>• 수도권 외 소재 광역시 등 이전<br>: 최초 5년 100%+이후 2년 50% | • 수도권 밖 이전<br>: 최초 11년 100% + 이후 5년 50% |
| 지방 소재 기업 | <신 설> | • 지방 소재 대기업특별 세액감면제도 도입<br>· 특별세액 감면율 : 15% |
| | • 소기업<br>· 도소매.의료업 등: 10%<br>· 제조업 등 기타업종: 30%<br><br>• 중기업<br>· 도매업 등 5%<br>· 제조업 등 기타업종 15%<br>· 지식기반 산업 15% | • 소기업 (2배 상향)<br>· 도소매.의료업 등: 20%<br>· 제조업 등 기타업종: 60%<br><br>• 중기업 (2배 상향)<br>· 도매업 등 10%<br>· 제조업 등 기타업종 30%<br>· 지식기반 산업 30% |
| 창업 중소기업에 대한 법인세 인하 | • 수도권 과밀억제권역 밖 창업 시<br>: 5년간 법인세 50% 감면 | • 수도권 밖 창업 시<br>: 최초 11년간 100% + 이후 5년 50% |

- **진보의 금기 깨기**
  - **3. 전기 자동차 주차장 확보 선언**

세 번째 금기 깨기 시리즈는 사실 금기를 깬다는 측면보다는 다시 한 번 전기 자동차에 관심이 있는 유권자들의 마음을 '영끌'하기 위해 만들었다. 후보자에게 보낸 전기 자동차 위원회와 관련한 보고서는 2021년 8월 15일에 후보자에게 전달이 되었고, 그로부터 3개월 후인 11월 26일 이재명 후보자의 소확행 13번째 공약, 전기차 보조금 대폭 확대로 투영되었다. 그로부터 다시 약 2개월 후인 2022년 1월 8일에는 전기차 충전 요금 5년간 동결이라는 국민의힘 쇼츠 공약이 등장했다. 조회수는 약 71만 회였다. 사실상 같은 맥락의 공약이지만 민주당 대선 캠프는 보조금 확대를 통해 미래의 전기차 구매 예정자들에게 어필한 것이고, 국민의힘은 충전 요금 동결로 이미 전기차를 운행하고 있는 표심에게 구애했다. 따라서 마지막으로 한 번 더 이미 전기 자동차를 운행하고 있는 유권자들의 마음을 흔들어 보고 싶었다. 이 공약은 여러 이유로 반려되어 끝내 후보자의 페이스북에는 업로드되지 못했다.

## 진보의 금기 깨기

### 세 번째, 전기 자동차 주차장 확보 선언

#전기차에_대한_무한정_혜택을_줘서라도
#기후위기에_대응할_수만_있다면

### 1. 기후 위기는 현실입니다.

빙하가 녹고 대형 산불이 나고
기상 이변은 모두 기후 위기를 말해주고 있습니다.

하지만 눈으로 매번 볼 수 없다면,
체감하기 어려울 수 있습니다.

### 2. 국가는 국가답게 국민은 국민답게

체감하기 어렵다고 해서
기후 위기에 늑장 대응할 수는 없습니다.

국가는 국가답게 대처하고
국민은 국민답게 대처해야 합니다.

① 2025년까지 전기 자동차 국고 보조금을 대폭 확대하고

② 전력 충전 요금도 동결하고

③ 고속도로와 공영 주차장은 급속 충전기 중심으로 50% 이상 설비를 확충하겠습니다.

④ 신축 공공 기관과 신축 아파트는 전기 충전 시설 50%를 의무화하겠습니다.

⑤ 폐 배터리 처리 문제도 전담 부서를 두어 전기 자동차의 시작부터 끝까지 국가가 책임지겠습니다.

### 3. 결국은 인프라의 문제입니다.

내연 기관의 주유소 방식은
전기 자동차가 보편화된다면 결국은 전기 자동차에 맞는 형태로
바뀌어 갈 것입니다.

국민은 전기 자동차 구매와 유지로 기후 위기 대응에 동참하고, 국
가는 전기 자동차 보조금과 전력 요금, 충전 시설로 기후 위기 대
응에 동참하겠습니다.

3

# 대선 때,
# 뚫어냈어야 했던 것들

## • 민주당은 왜 과학고를 이야기할 수 없을까

수도권과 비수도권의 격차를 해소하기 위해 과학고를
과감하게 이야기해야 한다. 맹모삼천지교가 모든 부모의
모토가 되어선 안 되겠지만, 질 좋은 교육을 비수도권에서
받기 어려운 것이 현실이다. 대학 이름만 봐도 그렇다.
대부분 수도권에, 그것도 서울이라는 한 도시에 집중되어
있다. 당장 대학을 이전시킬 수 없다면 고등학교라도
다양한 방식으로 비수도권으로의 이전 또는 유치를 할 수
있어야 한다.

모두가 우주 산업이 미래 먹거리라고 입을 모아서 말하고
있다. 그렇다면 그 산업을 체계적으로 교육하고 육성할
시스템을 마련해야 한다. 먼저, 하나 질문하고 싶다. 누리호
발사를 항우연에서 담당하고 있다면 항우연에 들어갈
사람은 어떻게 뽑는 것일까? 저 먼 우주로 우주선을
쏘아 올리는 것을 보고 꿈과 희망을 품는 어린 학생들은
어떻게 준비하면 될까? 뭔가 뚜렷한 경로가 보여야 그들이
목표를 세우는 데 도움이 되지 않을까? 마치 경찰대를
나오면 경찰이 된다, 법대를 가면 법조인이 된다, 의대를
가면 의사가 된다 등의 진로 명확성 말이다. 하다못해
영화 탑건을 보고도 미 공군 지원율이 무려 270%나

증가했다고 한다.

어릴 때부터 명확한 꿈을 가질 수 있도록 국가가 나서야
한다. 국가가 먼저 이것이 우리나라의 미래라고 말했다.
그렇다면 국가가 먼저 나서서 국가 비전에 맞는 인재를
어떻게 육성할지 고민해야 한다. 하지만 과학고라면
어떨까? 그렇게 말하지 못한다. 왜냐? 과학고는 진보의
금기니까. 민주당의 금기니까. 평등 교육을 주창해야
하니까. 그렇게 말해왔으니까.

그런데, 반대로도 물어보고 싶다. 우주 산업이 미래
먹거리라면 다른 나라들은 놀고 있나? 우리나라가
추격하는 동안 가만히 앉아 있냐는 것이다. 그렇다면
언제부터 교육하면 될까? 대학교 가서부터 하면 될까?
대학원부터? 아니면 박사 과정부터? 미국은 일종의 천재
비자라고도 불리는 'H-1B 비자'를 통해 적극적으로 미국
바깥의 전세계 인재를 빨아들이고 있다. 동일한 비자를
적용해서 한국으로 전 세계 인재를 불러들인다면 얼마나
좋을까마는 중요한 것은 한국이 미국의 '자본력'을 압도할
수 없다. 연봉과 연구 환경은 굳이 여러 데이터를 찾아보지
않더라도 한국보다 미국이 낫다는 것은 모두가 알고 있다.
그렇다면 우리는 인재를 고등학교 때부터라도 인재를

육성해야 하지 않을까?

후보자에게 제안한 정확한 명칭은 '우주 항공 과학고'였다. 가칭이긴 했지만 나는 위의 이유로 과학고가 필요하다고 주장했다. 그리고 용기를 내서 민주당의 후보도 말해야 한다고 주장했다. 실제로 생긴다면 나로우주센터 인근에 학교를 만들고 실제 우주선 발사에 참여했던 교수와 실무진들에게 얼마든지 수업을 들을 수 있게 해서 마치 꿈이 한 발짝 성큼 다가온 것 같은 자신감도 불어넣어 주고 현장 실습도 언제든지 할 수 있게 해야 한다고 이야기했다. 또한, 과학고 입지를 비수도권으로 유도하고 박사 과정이나 일정한 학위 이상 되는 과학자들에게 매달 묻지도 따지지도 말고 월급 이외의 연구비를 지원해서 연구에만 매진할 수 있도록 한다면 얼마나 좋을까? 과학이 미래라고 하면서 왜 이렇게까지는 생각하지 못할까 하는 생각이 들었다.

이 글을 보고 어떤 이들은 분명 비판할 것이다. 첫째, 과학고 가서 의대 가면 어떻게 하냐고. 분명히 그런 사람들이 나올 것이다. 법률로써 의대 진학을 제한하면 헌법 소원을 내서 선택의 자유 같은 맥락으로 뚫어낼 것이다. 그래서 만들지 말아야 하느냐? 난 오히려 반문하고

싶다. 그런 몇몇의 학생들 때문에 전 세계가 혈안이
되어 있는 이 거대한 미래 먹거리 앞에서 우리만 천천히
가도 되느냐고. 진보 진영에서 무상 급식을 주장했을 때
보수는 이야기했다. 재벌 회장 아들, 딸도 왜 공짜로 밥을
먹여야 하느냐고. 진보는 그때 이렇게 답했다. 도대체 그
몇몇 때문에 왜 전체가 희생해야 하냐고. 빈대가 생길까
두려워서 초가삼간 자체를 짓지 않으려는 논리다.

진보는 말한다. 맞춤형 교육을 통해서 꼭 명문 대학과
좋은 학과가 아니라도 자신의 재능을 살릴 수 있도록
교육해야 한다고. 나는 물어보고 싶다. 과학 쪽에
엄청난 자신의 재능이 있는 학생은 더 배울 수 있는
것들이 있는데도 왜 강제로 천천히 가야 하냐고. 그러한
과학 천재들에게 '맞춤형 교육'은 무엇이냐고. 나는
엘리트주의를 말하는 것이 아니다. 우주 항공 과학고 같은
것이 수도권이 아닌 '비수도권'에 형성되고 그 지역에 연구
단지가 들어서고 산업 생태계가 조성이 된다면 자연스럽게
도시가 형성된다. 국가가 나서서 지역 균형 개발을 할 수
있는 좋은 포인트라는 것이다. 그런데 쉽지 않다. 그냥
'과학고'가 '특목고'니까. 그래서 그렇게 반대하는 이들에게
꼭 말씀드리고 싶다. 앞으로 민주당의 미래 방향 속에서
특목고 폐지, 모든 공교육 평등을 말하려면 제발 부탁인데

적어도 민주당 공천을 신청하는 사람들 중에 자녀가 특목고, 외고, 과학고, 해외 유명 대학교 출신이 있다면 공천 주지 말라고. 왜 계속 내로남불에 걸리는 짓거리를 하냐는 것이다. 이런 사람들의 특징은 '아, 저는 특목고 반대하지만 자녀의 선택은 막아설 수 없었다'고 말한다. 잘 들어라. 깝치지 마라. 그냥 당신이 보내고 싶었던 거다. 평등 교육을 외치면서도 자기 자식은 외고, 특목고 나왔다고 자랑하고 싶고, 스스로도 그게 '자랑'스러웠던 거다. 자기 자식은 그렇게 자녀의 선택 운운하면서 다 하도록 놔두고 도대체 왜 남의 자식은 특목고 '선택'못 하게 하냐는 말이다. 다시 말한다. 제발, 할 거면 두 개 중에 하나만 하자.

## • 애국 페이를 버릴 때다

우주 항공 과학고, 그리고 누리호 발사 이후의 과제들도
있다. 비록 실패로 돌아갔지만 누리호의 성과는 눈부시다.
최초 시도에서 이렇게까지 왔다는 것만으로도 칭찬받아야
한다. 앞으로 분명 우리는 우주를 정복하는 국가가 될
것이다. 만약 그렇게 될 경우 우리 과학자들에게 국가는
무엇을 해줄 수 있을까? 고맙다, 잘했다, 당신들이 미래다,
같은 상투적인 메시지? 국가 훈장? 대통령과 사진 찍기?
나는 그들에게 냉정한 포상과 별도의 인센티브가
필요하다고 생각한다.

일단 그들이 노력한 흔적들을 추적해보자. <러 로켓팀이
버린 자료도 뒤졌다, 누리호 부품 37만개 국산화>[17]라는
기사를 보면, 이런 대목이 등장한다.

> 고정환 항우연 한국형발사체개발사업본부장은 한국 로켓 개발
> 의 산증인이다. 지난 2000년 한국 최초의 액체 연료 로켓인
> 과학로켓(KSR) 3호 개발을 시작으로 러시아와 나로호 공동 개발,
> 이번 누리호까지 20년 넘게 발사체 연구에만 매달렸다. 그는 나로호
> 개발 당시 러시아 엔지니어가 흘리고 간 종이를 주워 밤새워 번역하고
> 버린 기름까지 분석했다.

**<모형 러 첨단로켓서 전율의 발견...누리호 개발의 비밀>**[18]이라는 기사도 살펴보면, 러시아의 실수가 등장한다. 누리호의 모태가 된 나로호는 러시아 흐루니체프 사(社)가 모형 엔진을 보냈다고 했는데, 연구원들이 분해해보니, 첨단 다단 연소 사이클의 앙가라 엔진이 그대로 달려 있었다고 한다. 이는 러시아가 모형 엔진을 일부러 만드는 것이 더 번거롭고 비용도 더 들어가서 기성 엔진을 그대로 둔 것으로 추정이 된다.

두 기사를 살펴보면, 나로호 발사 당시의 러시아의 귀차니즘과 실수, 거기에 우리 연구원의 눈물겨운 노력이 합쳐져 누리호가 탄생한 것이다. 버린 종이와 기름까지 분석해가면서 노력한 과학자들에 대한 혜택은 어땠을까? 뭐, 커피 차 보내준 거?

박정희 시절처럼 애국이라는 이름만으로 해외에 나가 있던 유수한 과학자들과 개발자들을 거의 강제로 끌고 오다시피 해서 국내에 주저앉히는 시대는 이미 저물었다. 정의당 등에서 발의한 이른바 '살찐 고양이법'이 글로벌 기준에 미치지 못하는 이유도 여기에 있다. 당장 연봉에 제한을 둔다면, '외국 회사에 가면 돈을 더 받을 수도 있는데, 우리나라만 상한선을 둬? 그러면 난 해외로

---

18) 중앙일보, 출처 : https://bit.ly/3Dl5cpR

나가버릴 거야.'하면 끝이다. 실제로 삼성도 글로벌 인재를 영입하며 파격적인 대우를 해주고 있다. 현대와 기아차를 살린 건 여러 노동자들의 노력도 있었지만, 람보르기니와 벤틀리에서 근무하던 루크 동커볼케[19]와 같은 전 세계 최고 재원을 영입했기 때문이다. 그런데 동커볼케에게 현대자동차가, '살찐 고양이법이 있으니 연봉 깎아서 오세요~'하면 왔을까? 아니다. 최고의 인재를 데려왔다면 그에 걸맞은 대우를 해줘야 한다.

반대로 질문해보자. 대한민국 최고의 인재가 해외에서 이런 오퍼가 들어오면 흔들리지 않을 수 있을까? 사람의 마음속엔 누구나 인정받고 싶어하는 심리가 있고, 자본주의 사회에서는 이를 금전적으로 충분히 보상해줄 수 있다. 국내 SLBM 개발자들에게 해외 최고의 무기 업체가 접근해서 공무원과는 비교도 할 수 없는 몇십억 원대의 연봉과 차량 제공, 이민자 혜택, 집까지 제공한다고 하면 안 흔들리는 것이 이상한 것이다.

이제는 정부가 '애국 페이'를 거둘 때다. 대한민국 최고의 과학자들과 무기 개발에 참여한 공무원들에게 최고의 대우를 해줘야 한다. 파격적인 인센티브를 도입해서 그들의 마음을 '현실적'으로 잡을 수 있어야 한다. 어설픈

---

19) The GuRu, <루크 동커볼케 현대차 CCO, 제네시스 CBO 겸직 발령>, https://bit.ly/3FiCOFh

애국심과의 작별을 고할 때다.

이러한 공공의 영역, 공무원의 영역에서 하나 더 말할 것이 있다. 공무원 직무급제를 준비해야 한다. 연공서열에 따른 강제적 연봉 인상안은 젊은 공무원들의 사기를 꺾는다. 열심히 해봤자, 어떠한 성과를 내봤자 큰 도움이 되지 않는다. 노력한 것에 대한 정당한 보상이 뒤따라야 한다.

다가올 미래에는 더 다양한 복지 혜택이 생겨날 것이다. 중요한 것은 이때마다 이런저런 서류를 준비하고 자신의 신분을 증명하고, 때에 따라선 내가 얼마나 가난한지 증명을 해가면서 그 혜택을 수령해야 할까. 너무 비효율적이다. 이를 외부에서 개선하긴 쉽지 않다. 일단 내부 사정을 알아야 하고 시스템을 이해해야 한다. 이때, 어떤 공무원이 실제 현장에서 근무하면서 느꼈던 것을 바탕으로 조금 더 효율적인 체계를 구축하는 아이디어를 내고 채택이 된다면, 결국 그 혜택의 수혜자는 국민이다. 이런저런 과정이 간소화되어 업무의 편중, 부담도 줄어들 것이다. 내가 주장하는 직무급제는 이러한 것에 방점을 찍고 있다. 공공의 영역에서도 우리 사회를 위한 더 나은 아이디어와 발전안을 언제든 제시할 수 있게 하고 업무의 만족도와 성취감을 고취할 현실적인 보상안이 필요한 사회가 되었다.

## • 8,500만 원의 천장을 뚫어야 한다

8,500만 원이라는 상징적인 숫자를 뚫어야 한다. 이 금액을 보고 곧바로 무엇을 상징하는지 모른다면 당신은 신혼부부가 아닐 가능성이 높다. 어쩌면 최근 부동산을 구하기 위해 내 연봉과 대출할 수 있는 최대 금액과 이자율을 알아보는 실질적인 노력을 하지 않았을 가능성도 있다. 보금자리론은 서민의 내 집 마련을 돕기 위해 만들어졌다. 이 대출을 받을 수 있는 주택 가격 기준은 6억 원이다. LTV는 70% 이내고 이걸 신청할 수 있는 대상자는 미혼일 경우 연 소득 7,000만 원 이하, 부부 합산으로는 연 8,500만 원 이하여야 한다. 숫자를 조금 풀어서 이게 실질적으로 큰 도움이 되는지 안 되는지 살펴보자.

먼저, 부동산 가격. KB 부동산이 2022년 6월 발표한 아파트 매매 중위 가격은 서울 기준으로 10억 9천만 원이었다. 한국 부동산원이 조사한 바로는 9억 6,500만 원이었다.[20] 어떤 곳에서 조사하든 간에, 일단 보금자리론의 최대치가 6억이기 때문에 서울에서는 집을 구하지 못한다는 아주 깔끔한 결론이 나온다. 서울에서 집을 못 구한다는 것은 더 정확히 말해서 수도 천만의 어느 직장인도 자신의 '노동 소득'만으로는 서울에서 집을 구하기 불가능해졌다는 뜻이다. 서울 근교로 눈을 돌려 경기도를 살펴보자. 2021년 8월 KB국민은행 리브부동산이 발표한 경기도 아파트 중위값은 5억 5784만 원[21]이었다. 겨우 6억 원 안으로 들어온다.

직장인 신혼부부는 연봉과 무관하게 일단 아파트 매매 중위값 기준으로 서울에선 집을 못 구하고, 경기도에선 겨우 보금자리론을 적용할 수 있는데, 여기서부터 다시 계산해볼 것이 있다. 바로 직장인들의 연봉이다. 2020년 취업 포털 인크루트와 알바 앱 알바콜이 기업 831곳을 대상으로 2020년 대졸 신입 사원 초임 연봉'[22]을 발표했다. 2020년 기준으로 대기업은 3,958만 원, 중견기업은 3,356만 원, 중소기업은 2,834만 원이었다. 이걸 다시 실수령액으로 환산하면, 대기업은 289만 원, 중견기업은 249만 원, 중소기업은 212만 원을 받을 수 있다.

다시 대기업과 중소·중견기업으로 나누어보자. 대기업 평균 연봉이 3,958만 원이었다면 2021년과 2022년 연평균 임금 인상률이 5%만 되어도 4,300만 원이 넘어간다. 만약 이러한 대기업 사원이 서로 결혼을 준비한다면 부부 합산이 곧바로 8,500만 원을 넘어선다. 대기업 연봉이

---

21) 출처 : https://view.asiae.co.kr/article/2021083109524143499
22) 출처 : http://www.recruittimes.co.kr/news/articleView.html?idxno=86214

지난 2년간 동결이 되었다 하더라도 연차가 1~2년만 쌓였다면 곧바로 이 구간을 넘어선다. 즉, 대기업 사원 둘이 만나 결혼을 준비하며 아파트를 사려 해도, 서울을 포기하고 경기도로 나가 살려고 해도, 6억 원 이하의 집을 구하려고 해도 보금자리론 대출은 불가능하다는 것이다. 대기업 사원까지 뭘 챙기냐고 말씀하시는 분들이 계실지 모르겠지만, 대기업 사원도 우리나라 국민이다. 또한, 이를 달리 말하면, 제 아무리 내 힘으로 노력해서 집을 구하려 해도 부모의 조력 없이는 집 한 채 구하기 어려운 나라가 되었다는 것이다.

중소기업과 중견기업은 어떨까? 부부 합산 연봉이 8,500만 원에 훨씬 못 미치니 기뻐해야 할까? 대기업 사원도 힘든 상황이라면 중견·중소기업 사원들의 이야기는 말할 것도 없다. 또한, 이 직장인들 중에서 만약 집을 나와 월세를 내야만 하는 자취를 하고 있다면 상황은 더 복잡해진다. 2021년 12월 21일, 부동산 플랫폼 다방은 서울 연립·다세대, 단독·다가구 월세 가격을 발표했다.[23] 30㎡ 이하 원룸의 평균 월세는 40만 원이었고, 여기에 관리비와 기본 휴대폰 통신비와 기본적인 대중 교통 비용을 합산하면 평균 50~60만 원을 훌쩍 넘어버린다. 애초에 종잣돈 자체를 모으기 힘든 상황인 것이다. 따라서

---

23) 출처 : https://www.hankyung.com/realestate/article/2021122142001

어떤 규모의 회사를 다니더라도 내 집 마련은 쉽지 않은 상황이고, '부모의 조력'없이 내 집 마련은 불가능하다. 다시 말하면, '개천에서 용'나거나 자력으로 '계층 이동'하는 것은 불가능해졌다는 뜻이다.

8,500만 원이라고 산정해두면 굉장히 큰 금액처럼 느껴지지만, 높아진 서울과 경기도의 부동산 가격과 직장인들의 현실을 반영하기엔 턱없이 부족해 보인다. 따라서 이 6억 원 이하의 아파트와 부부 합산 8,500만 원 상한선에 대해 진지하게 다시금 논의해야 한다. 어떻게 하면 내 돈을 아등바등 모아서 부모 도움 없이도 내 집 마련이 가능한 국가를 만들 수 있을지 논의해야 한다는 것이다.

8,500만 원, 이 금액 언저리에 목덜미를 잡혀 있는 것이 하나 더 있다. 바로 난임 부부 시술비 지원 사업이다. 일단 지원 기준[24]부터 살펴보자. 가구원 수가 2인 기준, 그러니까 자녀가 없는 신혼부부로 가정한다면 기준 중위 소득 180% 이하여야 한다. 솔직히 이 기준부터 짜증 나고 모호하다. 도대체 기준 중위 소득은 어떻게 구하는 것이며, 180% 이하인지를 어떻게 확인한다는 말인가? 정부가 발표한 2022년 기준 180% 이하는 합산

---

24) 출처 : https://www.ep.go.kr/health/contents.do?key=1582

5,868,000원이다. 이게 세후인지, 세전인지도 헷갈린다. 기준을 더 살펴보자. 건강보험료 기준으로 직장 가입자는 206,291원, 지역 가입자는 220,611원, 혼합은 209,473원이다. 더 복잡하다. 맞벌이 가구의 건강보험료 산출 기준을 설명해두었는데 설명은 이렇다. '맞벌이 가구는 부부 중 낮은 소득의 50%를 소득 인정액에서 차감한다는 것이고, 예시로 남편이 8만 원, 부인이 6만 원을 납부한다면 남편의 8만 원에, 더 적게 버는 부인의 금액을 50%로 나누어 3만 원을 더한 11만 원이 기준이라는 것이다. 더 헷갈리지 않나?

직접 보건복지부 상담센터로 전화를 걸었다. 상담원 역시 중위 소득 180% 이하 합산 금액 5,868,000원이 세전인지 세후인지 헷갈린다며 건강보험료 기준으로 '스스로'계산해보는 것이 빠르다고 말했다. 아주 친절했던 상담원의 말투와는 무관하게 담당자마저 헷갈리는 기준은 아이를 간절하게 얻고자 하는 부부들에게는 섭섭함으로 다가오기에 충분한 내용이었다. 결국은 '세전'이라는 답변을 얻었지만 세전이든 세후이든 헷갈리는 것이 해소되진 않았다.

분노를 가라앉히고, 중위 소득 180%를 연봉으로

환산해보았다. 부부 합산 586만 8천 원을 넘어서면 안 되는데, 정확히 절반으로 나누면, 293만 4천 원이다. 이 금액이 어느 정도인지 감이 잡히지 않는다면 위에서 인용한 기업 규모별 초임 연봉으로 대조해보면 된다. 위에서 대기업 초봉은 289만 원, 중견기업은 249만 원, 중소기업은 212만 원이라고 했다. 이미 대기업은 1년 차부터 자격 기준을 넘어서는 수준에 임박해 있고, 중견, 중소기업 직원들은 연차가 조금 쌓여버리면 이 기준을 넘어설 가능성이 높다. 그러니 이 혜택을 받기 위해 맞벌이 부부 중 한 명이 휴직하는 경우도 있다고 하니 기가 찰 노릇이다.

정치권에서는 늘 우리나라의 인구 절벽이 다가왔다며 걱정하지 않았나? 그런데 난임 시술 지원에 연봉을 기준으로 걸어두는 정신 나간 짓거리를 하는 것이 가당키나 한 일인가? 도무지 이해할 수가 없다. 국가의 미래 자체가 인구수에 달려 있는데, 여기에 '너 얼마 벌어? 좀 많이 벌어? 그러면 넌 지원 안 해줘'라고 이야기하는 이 상황이 말이나 되는 상황이냐는 것이다. 2021년 기준 대한민국의 합계 출산율은 0.81명까지 떨어졌다. 2016년 1.17명에서 단 5년 만에 0.36명이 떨어진 수치이고, 많은 학자들은 2022년 0.7명 수준으로 떨어질 것이라고 예측하고 있다.

정치권은 정신 좀 차려야 한다. 왜 구분 지어야 할 것과 구분 짓지 말아야 할 것을 분간하지 못할까. 보건복지부 자료에 따르면 2021년 전체 출생아 26만 500명 중 8.1%에 해당하는 2만 1,219명이 정부 '난임 시술비 지원'을 받고 태어났다. 12명 중 1명 꼴이다. 거의 10명 중에 1명 정도는 난임 시술 지원을 통해 탄생했다면 지원을 더 확대할 방안을 고민해야 하지 않을까? 그리고 소득 수준이 너무 낮으면 애초에 아이를 가질 생각을 하기가 어렵기 때문에 상한선을 두는 것 자체가 아이러니다.

'아이를 낳으면 무언가를 해줄게'라는 일종의 '후불제' 공약도 필요하지만, 강력하게 '아이를 낳을 의지가 있는 부부'에게 선제적으로 지원할 수 있는 '선불제'공약이 훨씬 더 시급하다. 난 과감히 난임 시술비 지원을 소득과 완전 무관하게 누구나 신청만 하면 지원받을 수 있게 해야 한다고 생각한다. 또한, 낳고자 하는 의지가 있는 부부에게 남성의 비뇨기과 검진 및 치료 지원, 여성의 산부인과 검진 및 치료 지원 등 모든 출생의 그 과정을 국가가 전액 지원해주고, 아동 수당도 대폭 확대해야 한다고 생각한다.

# • 노회찬의 6411번, 민주당의 벨은 누구나 누를 수 있어야 한다

지난 2012년 고(故) 노회찬 의원은 정의당의 전신인 진보정의당 당대표에 취임했다. 그 당시 당대표 수락 연설은 일명 숫번 버스 연설'이라는 이름으로 지금도 회자되고 있다.

> 6411번 버스라고 있습니다. 서울시 구로구 가로수 공원에서 출발해서 강남을 거쳐서 개포동 주공 2단지까지 대략 2시간 정도 걸리는 노선버스입니다.
>
> 내일 아침에도 이 버스는 새벽 4시 정각에 출발합니다. 새벽 4시에 출발하는 그 버스와 4시 5분경에 출발하는 그 두 번째 버스는 출발한 지 15분 만에 신도림과 구로시장을 거칠 때쯤이면 좌석은 만석이 되고 버스 사이 그 복도 길까지 사람들이 한 명 한 명 바닥에 다 앉는 진풍경이 매일 벌어집니다.
>
> 새로운 사람이 타는 일은 거의 없습니다. 매일 같은 사람이 탑니다. 그래서, 시내버스인데도 마치, 고정석이 있는 것처럼 어느 정류소에서 누가 타고, 강남 어느 정류소에서 누가 내리는지, 모두가 알고 있는 매우 특이한 버스입니다.
>
> 이 버스에 타시는 분들은 새벽 3시에 일어나서 새벽 5시 반이면 직장인 강남의 빌딩에 출근을 해야 하는 분들입니다. 지하철이 다니지 않는 시각이기 때문에 매일 이 버스를 이용하고 있습니다. 한

분이 어쩌다가 결근을 하면 누가 어디서 안 탔는지 모두가 다 알고 있습니다.

그러나 시간이 좀 흘러서, 아침 출근 시간이 되고, 낮에도 이 버스를 이용하는 사람이 있고, 퇴근길에도 이 버스를 이용하는 사람이 있지만, 그 누구도 새벽 4시와 새벽 4시 5분에 출발하는 6411번 버스가 출발점부터 거의 만석이 되어서 강남의 여러 정류장에서 5·60대 아주머니들을 다 내려준 후에 종점으로 향하는지를 아는 사람은 없습니다.

이분들이 아침에 출근하는 직장도 마찬가지입니다. 아들딸과 같은 수많은 직장인들이 그 빌딩을 드나들지만, 그 빌딩이 새벽 5시 반에 출근하는 아주머니들에 의해서 청소되고 정비되고 있는 줄 의식하는 사람은 없습니다.

이분들은 태어날 때부터 이름이 있었지만, 그 이름으로 불리지 않습니다. 그냥 아주머니입니다. 그냥 청소하는 미화원일 뿐입니다. 한 달에 85만 원 받는 이분들이야말로 투명인간입니다. 존재하되, 그 존재를 우리가 느끼지 못하고 함께 살아가는 분들입니다.

전문은 아니지만, 여기까지만 읽어도 노회찬 의원이 무엇을 말하고자 하는지 쉽게 이해할 수 있다. 이를 확대해보면 정의당의 노선과 정의당의 지향점 또한 알 수 있다.

6411번을 타고 누구보다 빠르게 출근하는 사람들, 말 그대로 새벽을 여는 사람들은 우리 사회에 꼭 필요한 사람들이지만 실제로는 잘 보이지 않는 사람들이다.

정확히는 노력에 비해 정당한 가치와 존중을 받지 못하는 사람들이라고도 표현할 수 있다. 노회찬은 이들을 비추는 발언을 했고, 속해 있던 정당뿐만 아니라 우리 사회에도 큰 울림이 있었기 때문에 지금까지도 이 연설은 명연설로 회자되고 있다.

자, 그러면 정의당과 다른 정당들을 이미지로만 비유해보자. 정의당과 진보 계열, 노동 중심의 정당은 누구보다 아침을 일찍 맞이해서 6411번과 같은 버스를 운행하는 버스 운전사와 그 첫차에 올라타는 노동자들, 강남 빌딩 숲속으로 들어가 그 누구도 출근하기 전부터 건물을 청소하고 화장실을 청소하는 사람들을 위해 존재한다면, 서민과 중산층을 표방한다는 민주당은 그들을 포함해 그 이후에 출근하는 사람들도 챙겨야 한다. 여러 빌딩 숲속을 꽉꽉 채우는 출근한 직장인들과 오전부터 문을 열고 장사를 시작하는 자영업자들을 위해 존재한다. 마지막으로 국민의힘은 그 빌딩 숲속 생태계를 구축한 사람들, 즉, 건물주들을 대변한다. 극단적으로 이미지 비유를 한다면 이렇게 나누어 볼 수도 있다.

민주당이 확장성을 꾀하려면 가장 먼저 그들의 코어층인 직장인들과 자영업자들의 마음을 잡았어야 했다. 그들이 분노하고 있는 노동 소득으로는 도저히 잡을 수 없는 아파트 값에 귀를 기울였어야 했고, 손실 보상금이 제때 지급되지 않아 분노에 찬 대다수의 자영업자들을 어루만졌어야 했다. 그리고 선거 때는 더 아래로, 때에 따라선 더 위로도 향했어야 한다.

'더 아래로'부터 이야기해보자. 수도권 중심을 탈피한 비수도권의 이야기, 대우조선해양과 지방 소멸의 경고등, 각 대학교의 청소 노동자들을 잘 살피고 있었을까? 연세대 청소 노동자들은 청소 노동자 시급 400원, 경비노동자 시급 440원 인상을 요구했지만 원청인 연세대와 용역업체는 200원 인상을 고수하며 대치하고 있다. 400원이냐, 200원이냐를 두고 싸우고 있는 것이다. 2021년 대선 기간엔 서울대 청소 노동자가 사망하는 일이 벌어졌는데 이를 두고 새로 부임한 안전관리팀장이 소속된 조직의 개관 연도를 맞히라든지, 자신이 일하는 일터의 이름을 영어와 한자로 쓰라고 하는 등의 이른바 갑질 논란이 있었다. 서울대 학생처장이 자신의 페이스북을 통해 '너도나도 피해자 코스프레 하는 게 역겹다'는 표현까지 썼던 이 사안에 대해 민주당은 무엇을 했고, 앞으로는 재발 방지를 위해 무엇을 해야 할까.

'더 위로'도 이야기해보자. 그동안의 민주당은 건물주로 상징되는 부유층을 무조건적으로 배척했다. 정확히는 악마화해서 대립 구도를 만들었다. 누군가는 건물주 정도면 막연히 미워해도 되지 않느냐고 질문할 수 있다. 그런데 반문하고 싶다. 맹목적 비난이 민주당에게 무슨 도움이 되는가? 임차인 보호를 위해 노력하되 건물주나 특정 집단을 찍어두고 미리 반대편으로 돌려세우는 것은 현명하지 못하다.

이 이야기를 하는 이유는 두 가지다. 하나는 그들도 세금을 낸다는 것이고, 또 하나는 그들을 분리하는 순간 우리는 '보편 복지'에 대해 말하기 어려워진다는 것이다. 무상급식 논란에 불이 붙었을 때, 보수는 반대를 위한 반대의 논리로, 왜 이건희 자식들도 공짜로 밥을 먹이느냐고 말했다. 진보는 보편 복지를 말하며 그들도 세금을 내는 엄연한 우리 국민이라 말했다. 코로나 재난 지원금도 마찬가지였다. 보편 지급을 외치자, 보수에서는 '낮고 두텁게'라며 선별 지원을 주장했고, 민주당은 홍남기라는 '핑계'로 보편 지급에 실패했다. 88%라는 말도 안 되는 이상한 규정은 89% 이상에게는 좌절감을 선사했다. 분명 자신의 인생을 바꾸기 위해서 열심히 노력했던 회사원들, 정확히는 민주당 코어 지지층

중 일부는 받지 못했을 것이다. 도대체 누구를 위한 선별이었을까. 선별에 따르는 행정 비용은 왜 공중에 날려버렸을까. 부자 감세나 대기업 중심의 법인세 인하를 주장하는 것이 아니다. 그와는 무관한 내용이다. 그들을 욕하는 것이 속은 시원할 수 있을지 모르겠으나 막연히 부자는 나쁜 놈, 약자는 그 반대편에 서 있을 것이라는 극단적 이분법으로부터 탈피하자고 말하고 있다.

민주당은 때로는 정의당보다 더 아래로 향할 때도 있어야 하고 때로는 국민의힘보다 더 위로도 연대해야 한다. 특정한 계층을 분리하고 외면하거나 특정한 계층을 말 그대로 특정한 관념에 사로잡혀 움직여서는 안 된다는 말을 남겨두고 싶다.

노회찬 의원의 이야기로 시작했으니 노회찬 의원의 이야기로 마무리하고 싶다. 노회찬 의원은 스타크래프트의 콤샛 스테이션과 같은 존재였다. 이제는 민속놀이가 되어버린 e-sports 스타크래프트에는 3개의 종족이 있다. 프로토스, 테란, 저그. 이 중에서 테란이라는 종족의 총 지휘부는 커맨드 센터라고 부르고 그 옆에 작게 부속 건물을 지을 수 있는데, 그 건물의 이름이 콤샛 스테이션이다. 이 콤샛 스테이션의 기능은 단순하다.

Scanner Sweep이라고 해서 까맣게 가려져 전혀 눈에 보이지 않는 지도를 환하게 밝혀준다.

노회찬 의원은 커멘드 센터같이 커다란 정당에 속하진 않았지만 그 옆의 작은, 마치 콤샛 스테이션과 같았다. 우리 사회를 그만의 시선으로 스캔해서 보이지 않는 곳, 우리보다 더 일찍 출근해서 우리의 출근길을 책임지는 곳, 우리보다 더 일찍 업무에 돌입해 궂은일을 마다하지 않는 곳, 우리 사회의 어두운 곳에 있지만 그러나 꼭 필요한 노동자의 곁에서 그들을 환하게 밝혀주려 노력했던 사람이었다.

**4**

# 대선 때,
# 하지 말았어야 했던 것들

## • 555 공약, 기억나는 사람?

민주 진보 진영에서 오랫동안 비판해온 숫자가 있다. 바로 747. 비행기 보잉 747기는 아니고, 지난 2007년 대선 당시 한나라당 이명박 후보가 내세운 공약이었다. 물론 보잉 747기가 날아오르는 이미지를 차용하긴 했다. 내용은 간단하다. 연평균 7% 성장과 10년 뒤 1인당 소득 4만 달러, 세계 7대 강국 진입을 하겠다는 목표로 앞의 숫자만 딴 것이었다. 그때부터 지금까지 줄곧 민주 진보 진영에서는 허황된 공약이나 빈부의 격차를 해소하는 것과는 전혀 거리가 먼 목표 지향적 공약을 비판할 때마다 '이명박의 747'과 뭐가 다르냐며 비유했다.

그런데 그 숫자 공약이 이번 2022년 대선에도 또다시 등장했다. 이른바 555 공약. 일단 한번 물어보고 싶다. 555 공약, 기억나는 사람? 기억하기 어려웠을 것이다. 비록 747이 허황된 공약이었다 하더라도 보잉 747기에서 따왔던 터라 우리 입과 귀에 익숙했다. 그런데 555라니, 보잉에 555기가 있었나? 그냥 숫자만 가져다 붙였다. 익숙한 숫자 배열도 고려하지 않은 엉망인 공약이었다.

이 공약은 2022년 국민의힘 대선 예비 경선 당시 박진 후보가 내세운 공약이었다. 박진 후보는 555 공약을 말하며, 숫자 555를 이렇게 구성했다. '5'년 내 국민소득 '5'만 달러 달성, G '5'시대 개막. 자, 747과 달라진 것이 있을까? 빈부격차를 전혀 고려하지 않은 합산 5만 달러는 여전히 포함되어 있었으며 세계 7대 강국과 국민 생활과는 전혀 무관한 국격에만 치중한 G5가 포함되어 있었다. 당연히 비판받을 수밖에.

555는 여기서 멈추지 않았다. 안철수 후보도 555 공약을 말했다. 정확히 따지면 555 성장 전략이었는데 이는 5개의 초격차 기술과 5개의 대기업을 보유하면 세계 5대 경제 강국 반열에 진입한다는 내용이었다. 초격차 기술이야 여러모로 의견을 들어보고 싶은 호기심이라도 생기지만 5개의 대기업이라니. 일국의 대통령 후보가, 그리고 대통령이 되겠다는 사람이 이렇게 고도로 엘리트 우선주의를 대놓고 말할 수 있을까? 5개의 대기업이 중점이면 나머지 기업들은 뭐가 될까? 안그래도 대기업 편중 현상이 심한 국가에서 또 대기업만을 외치다니. 마지막은 이제 식상해서 언급하기 싫지만 공평하게 언급한다. 5대 경제 강국. G5와 오십보백보다.

사실, 555는 여기서 멈췄어야 했다. 그런데 또 등장했다.

이재명 후보가 555를 말했다. 이재명 후보는 555를 이렇게 설명했다. 국민 소득 '5'만 달러, 코스피 지수 '5'000, 종합 국력 세계 '5'위. 빈부격차 고려하지 않은 박진 후보의 5만 달러를 신나게 비판하고 있었던 민주당 지지자들은 어안이 벙벙했다. G5와 세계 5대 경제 강국을 통해 안철수 후보를 비판하던 민주당 지지들은 또 한 번 당황했다. 종합 국력 세계 5위라니. G5-세계 5대 경제 강국-종합 국력 세계 5위. 도대체 어떤 차이가 있을까.

진짜 답답했다. 우리 이런 거 안 하기로 했잖아. 우리 이런 숫자놀음으로 상대 진영 비판했었잖아. 안 그러기로 해놓고 도대체 왜 그랬을까? 일단은 분석은 분석대로 해보자. 좋게 해석해보겠다. 이재명 후보는 민주당의 비주류였다. 대선 후보가 될 때까지 여의도 국회의원 경험이 없었다. 국회에 자신의 계파가 없었다. 민주당의 본후보가 되어 대세가 되었지만 고정 계파라든지 자신을 정책적으로 강하게 밀고 당겨줄 세력이 부족했다. 따라서 이재명 후보 입장으로서는 국회의원들의 절대적 지지와 조력을 얻기 위해서 또는 다른 사람들과의 세력 규합을 위해서 마뜩지 않은 공약이라도 받아들이며 세력 확장을 꾀하려 했을 것이다. 비록 마음에 들지 않더라도 그 사람들 손까지 잡으며 이기고 싶었을 것이다.

자, 이건 좋게 해석한 것. 나쁘게도 해석해보자. 간단하다. '힘'에서 밀린 것이다. 원래 내 사람이 아니던 사람의 공약을 받아주면서 함께하는 것과 저 사람의 공약을 받아주지 않으면 함께할 수 없는 비주류의 현실은 동전의 양면과 같이 똑같은 몸통이었다. 후보에게 조금 더 호감이 있으면 좋게 해석하는 것이고, 아무런 감정이 없다면 냉정하게 그냥 힘에서 밀린 것이라고 해석하는 것이다.

이 점이 너무 안타깝다. 이재명 후보가 555 공약을 발표해서 이재명 후보에게 관심 없다가 갑자기 지지로 돌아선 사람이 몇이나 될까? 우리가 이런 숫자놀음 공약을 맹렬히 비판했다면 제발 하지 말자. 앞으로도.

## • 부가가치세와 국토보유세

1979년 부마항쟁이 있었다. 후일 대통령이 된 김영삼 당시 신민당 국회의원의 제명에 '유신 철폐'를 외치며 시작되었지만 이때 현수막에는 또 다른 문구도 등장했다. '부가가치세를 철폐하라'. 유신 철폐는 군부 독재 타도라는 말로 쉽게 이해를 할 수 있겠는데, 웬 부가가치세였을까. 부마항쟁으로부터 시간을 몇 년만 거슬러 가보자. 1976년 박정희는 연두 기자회견에서 부가가치세 도입을 천명했고, 시행 시기는 이듬해인 1977년 7월 1일로 못 박았다. 지금 같으면 언론에서도 비판을 하고 국민 여론 조사도 해봤을 텐데 그때는 박정희가 그냥 말하고 시행하면 끝이었다. 부가가치세가 시행되자, 인상된 10%의 세율에 따라 물가도 곧바로 급등했다. 이 여파는 선거 결과로 즉시 나타났다. 부가가치세를 시행하고 나서 첫 번째 선거는 1978년 12월 제 10대 국회의원 선거였다. 당시 정당 득표율을 보면, 집권 여당이었던 공화당이 31.70%, 야당이었던 신민당이 32.82%를 기록했다. 고작 1.12%P 차이였지만 분명한 패배였다.

부마항쟁의 가장 큰 이유가 유신 철폐였다는 것을 결단코 부정할 수는 없다. 하지만 민심 이반은 새로운 '세금'과 함께 이미 시작되고 있었다. 나는 부가가치세에 대한 반대 의견을 피력하고자 이 글을 쓰는 것은 아니다. 다만, 한 가지 확실한 건 박정희가 경제를 살렸다고 믿었던 당시 국민들마저 신설된 세금에는 격렬한 저항을 했다는 것이다. 누군가는 조세 저항이라는 거창한 표현을 쓸 수도 있겠다. 그 이후, 선거 직전에 '세금'이야기는 단 한 번도 환영을 받은 적이 없었다.

환영받지 못한다는 건 너무나도 자명하다. 돈을 더 많이 내라는데 어떤 국민이 반기겠는가. 그런데 그게 이번 2022년에 등장했다. 이번엔 '국토보유세'였다. 먼저 이재명 후보가 말한 국토보유세를 알아보겠다. 이재명 후보는 2017년 대선 경선 때도 이와 같은 공약을 발표했는데, 주요 골자는 토지를 소유한 사람이 토지 가격의 일정 비율을 세금으로 내게 하는 제도다. 갑자기 없던 세금을 내면 부담스럽지 않냐는 질문에 이재명 후보는 징수한 금액을 전국민에게 균등 지급하는 기본소득의 목적세로 신설할 것이며, 이렇게 될 경우, 약 80~90%의 국민은 국토보유세로 낸 돈보다 받을 기본소득이 더 크기 때문에 수혜자가 될 것이라고 말했다.

여기서 문제점 두 가지. 먼저 공약 발표할 당시까지도

세율과 세수가 확정되지 않았다. 따라서 내가 당장 내게 될 세금이 어느 정도인지 가늠하기 어려웠다. 두 번째, 받을 기본소득이 더 크다고 했는데 일단 기본 소득에 대해 국민들이 모두 찬성을 했냐는 것이다. 앞서 이 책의 첫머리에 기본소득이 외면당한 이유에 대해서 썼다. 이번 대선의 가장 큰 화두가 되지 못했고 심지어 국민들은 오히려 반감을 표했다. 그런데 그 기본소득으로 돌려준다니. 당연히 외면받을 수밖에.

그리고 결정적인 배경. 부동산과 관련된 세금이었다는 것이다. 부동산 가격 폭등으로 인한 주거 불안정이 심각해진 현실에서 부동산과 관련된 세금을 또 하나 신설한다니 도무지 이해할 수 없는 정책이었다. 정책은 이름이 절반 이상이라고 생각한다. 세부 내용을 설명하지 않아도 곧바로 이해할 수 있어야 한다. 그런데 정책 이름이 국토보유'세(稅)'라니. 부동산 민심이 최악으로 치달아 있는 상황에서 부동산과 관련된 신설 세금 정책은 지금 생각해도 이해할 수 없다.

## • 인재 영입은 성공했을까

대선과 총선을 구분하지 않고 각 정당들은 선거가 있을 때마다 외부 인재 영입을 단행한다. 김대중 대통령의 소위 '86인사' 발탁도 인재 영입의 일환이었다. 그렇다면 왜 정치권에서 내부 인재 육성이라는 좋은 카드를 두고서 인재 영입이라는 카드를 쓸까? 답은 간단하다. 외부에 알리기 용이하기 때문이다. 더 쉽게 말하면 본질은 인지도와 스펙이다.

예를 들어 보자. 환경 분야를 전문적으로 파고든 구의원이 있다. 그 구의원이 동네 작은 민원부터 해결하고 차곡차곡 올라가서 구의원을 거쳐 시의원이 되고, 그리고 다시 해당 지역의 국회의원이 되었다. 정책도 발의하고 심지어 대선 기간 중에 환경 분야의 대통령 공약도 만들었다. 하지만 뭔가가 부족한 느낌을 지울 수 없다. 그래서 외부에서 평생 환경 시민운동을 했거나 또는 환경과 관련한 저명한 논문을 쓴 사람, 또는 그레타 툰베리처럼 환경과 관련한 유명한 연설과 활동을 통해서 이런저런 설명 필요 없이 국민들이 곧바로 알아보는 사람을 영입한다. 둘 다 필요하다.

전자와 후자로 나누어 살펴보자. 먼저 전자(前者). 내부의 인재는 녹록지 않은 정치의 메커니즘을 잘 알고 있기 때문에 난관을 미리 예상하고 잘 뚫어낼 것이다. 하지만 흔히 말하는 '정치판'에서 오래 구르다 보면 원치 않는 이미지가 덧씌워질 수도 있고 실력에 비해 비주류로 남아 목소리를 내지 못할 수도 있다. 또한 정치판을 너무나도 잘 알고 있는 나머지 파격적인 개혁 목소리를 내지 못할 수도 있다. 장점도 있고 분명히 단점도 있다. 후자(後者)의 경우는 어떨까? 후자도 장단점이 있다. 단점으로는 전자와 달리 정치를 처음 접하기 때문에 모르는 절차적 과정이 허다할 것이다. 특히 법적 절차를 잘 모를 수밖에 없다. 하지만 반대로 누군가의 눈치를 보지 않고 강력한 개혁의 목소리를 낼 수 있고, 그 개혁은 기존의 낡은 틀을 깨는 것과 동시에 없던 룰을 만들어 내는 파격적 행보가 될 수도 있다.

인재를 육성하고 발탁하는 방식은 한쪽으로 쏠리지 않고 양쪽의 장단점을 잘 흡수할 수 있는 방향으로 가야 한다. 내부의 인재 육성과 외부의 인사 영입는 적절히 병행할 수밖에 없는데, 선거를 앞둔 인재 영입은 그 사람의 장점만을 가져와서 자신의 정당에게 가장 유리하게 적용할 수 있어야 한다.

그렇다면 이번 대통령 선거에서 인사 영입은 성공했을까? 실명을 언급하지 않고 상황으로만 설명하겠다. 왜냐면 외부의 인재를 데려온 것도, 그들에게 권한을 준 것도 민주당이기 때문에 애초에 모든 책임은 정당에게 있다.

먼저, 여성 교수. 이 교수의 영입이 발표되었을 때 현직 여성 기자들도 깜짝 놀랐다고 한다. 지난 대선 양당의 대선 후보, 국민의힘 윤석열 후보와 더불어민주당 이재명 후보 모두 비호감도가 높았고 특히 여성 유권자에게 비호감도가 더 높았다. 누가 먼저 이를 극복하느냐가 중요한 관건이었다. 이를 극복하고 여성 유권자의 마음을 잡을 수 있는 상징적인 정책 또는 인물이 필요했는데, 해당 교수가 그 모든 모습을 함축적으로 담고 있었다.

민주당이 소개한 내용은 '30대 워킹맘', '육사 출신 여성 군인', '우주 항공 산업 전문가'였다. 그는 곧바로 상임 선대 위원장으로까지 임명되었다. 육아와 여군, 미래 먹거리인 우주까지 포함하고 있는 인재를 영입한다는 것은 정말 쉽지 않은 일이었고, 애초에 영입이 아니라 이 모든 키워드를 포함하며 사회에서 승승장구하고 있는 사람이 있다는 것 자체가 대단한 일이었다. 하지만, 얼마 지나지 않아 의혹이 터졌다. 이 의혹에 대해선 따로 설명하지 않겠다.

다만, 언급한 이유는 하나다. 검증의 부재다. 외부 인재 영입의 취약점 중 하나가 검증이다. 주로 외부 인재를 영입할 때는 그 사람의 커리어와 스펙을 가장 먼저 따져보기 때문에 나머지 사생활의 영역이나 흔히들 말하는 세평에서 취약할 수밖에 없다. 그렇기 때문에 그 부분에 대해서 더 엄밀하고 세밀하게 검증했어야 한다. 결과적으로는 그렇게 하지 못했다. 민주당의 책임이다. 추천의 과정, 검증의 과정, 그리고 국민들 앞에서 서는 무대의 과정이 모두 부족했다. 밝히고 싶지 않았던 과거가 온 국민 앞에 노출된 것이다. 여기서 본인이 그런 과거가 있었음에도 나온 것 자체가 문제가 아니냐고 문제 제기를 할 수도 있지만 적어도 해당 교수를 영입한 정당은 그렇게 말해선 안 된다. 검증의 부재는 모두 정당의 책임이다.

두 번째, 홍보의 영역. 잘 만든 정책을 예쁘게 포장하는 작업이 홍보라면, 그것을 널리 알리고 전파하는 것은 공보의 영역이다. 민주당은 지난 대선 기간 동안 이 홍보와 공보가 모두 무너졌다. 쉽게 말해 잘하지 못했다. 홍보를 위해 유명한 PD를 영입했다. 첫 번째가 크리스마스 영상이었고, 그 뒤를 따라 나온 것이 1박 2일로 진행된 '글로벌 해돋이! 지구 한 바퀴'영상이었다. 하지만 그가 내놓은 결과물들에 민주당 지지자들마저 등을 돌렸다.

기대했던 것에 비해 너무나도 실망스러운 구성이었다.

연예인이라는 주인공이 뚜렷하게 있거나, 양심 냉장고와 같이 경품을 주는 상황이 명확하게 있는 상황에서의 연출과 정치인의 연출은 다를 수밖에 없다. 대선에서의 정치인은 마치 연예인처럼 팬덤이 생길 수는 있다. 하지만, 대통령 후보를 담당하는 홍보의 목적은 몰랐던 사람들도 알게 하거나, 좋지 않았던 이미지로 알고 있던 사람들도 다시 보게 만들어 좋은 이미지로 바꾸고, 결국은 그 사람을 찍기 위해 투표장으로 나오도록 이끄는 것이다. 즉, 약점을 보완하고 확장성에 초점을 맞추어야 한다. 그런데 앞선 두 영상은 딱, 원래 이재명 후보를 알던 사람들에게만 소구력이 있었고, 그마저도 극찬받지 못했다.

실패의 첫 번째 이유는 연예인과 정치인을 동일시했다는 것이다. BTS를 데리고 똑같은 콘셉트로 크리스마스 영상을 찍고, 해돋이 영상을 글로벌로 해보라. 당연히 폭발적인 조회수가 나오지. 그러나 대선 후보는 BTS가 아니다. 심지어 BTS는 글로벌 팬층이 두터워 서로 다른 시간대에 1월 1일을 맞이할 수 있는데, 안타깝게도 이재명 후보의 팬들이 전 세계에 있다고 한들 대부분의 유권자는 대한민국 안에 살고 있다. 따라서 1월 1일 0시를 기점으로

잠깐 몰렸다가 빠져나갈 수밖에 없다. 또한, 0시에는 대부분 가족이나 친구, 연인들끼리 시간을 보내려고 하지 대통령 후보 영상을 누가 보고 있을까? 심지어 그 영상에는 후보가 1박 2일 내내 나온 것도 아니었다.

1997년 대선 당시 김대중 후보의 'DJ와 함께 춤을'이라는 영상을 떠올려 보자. 이 콘텐츠는 왜 성공했을까? 먼저 노래. 노래는 DJ DOC의 'dj doc와 춤을'에서 가져왔다. 여기서 'doc'를 빼버리니, 김대중 대통령의 영어 이니셜인 DJ만 남는다. 대상이 정확히 특정되었다. 그리고 이 노래는 전국민이 흥겹게 부를 수 있는 노래였고, 그 당시에도 이미 올드한 이미지로 굳어져버린 할아버지 김대중 후보를 굉장히 세련되고 젊은 이미지로 부각시키는 데 큰 역할을 했다. 또한 보수의 상징과도 같은, 그러나 군부의 상징이기도 한, 김종필과 박태준이 차례로 등장했다. 당시만 하더라도 김대중이라는 정치인에겐 '빨갱이'라는 잘못된 이미지가 있었다. 김종필과 박태준의 행적을 옹호하는 것은 절대로 아니지만 좀처럼 희석되지 않던 김대중의 이미지를 보완해주었다는 것은 부인할 수 없다. 당시 영상을 찾아보면 알겠지만, YS와 함께 정치를 시작했다가 3당 합당 이후 DJ와 함께 정치를 하게 된 노무현 대통령도 등장한다. 당시 노무현 대통령은 내분에

휩싸인 민주당에서 국민통합추진회의(통추)소속이었고, 이 세력은 이른바 왼쪽의 왼쪽이었다. 실제로 김대중 대통령은 그의 자서전 1권에서 '자민련과 연합으로 오른쪽 날개를 얻었다면, 이들(통추)의 입당으로 왼쪽 날개를 얻게 되었다'고 서술했다. 영상에서 노무현 대통령의 등장은 그저 소장파 한 명의 영입, 그저 젊고 소신 있는 정치인의 얼굴마담식 출연이 아니라 연대의 상징이었던 것이다. 결국 'DJ와 함께 춤을'이라는 영상은 김대중이라는 대선 후보의 확장성과 친근함을 동시에 잡으며 시너지 효과를 냈다.

하지만, 이재명의 크리스마스 영상과 새해 해돋이엔, 이재명을 보다 더 부각시킬 수 있는 장치도 없었고, 이미지를 개선시키는 무언가도 없는 뻔한 크리스마스 소재에, 쇼츠 환경에 익숙해진 단축의 시대를 역행하는 1박 2일이라는 긴 러닝타임까지 들어가버렸다. 실패한 것이다. 솔직히 영입 당시만 하더라도 민주당 지지자들은 국민의힘으로 가려던 인재를 데려왔다며 '하이재킹'이라고 기뻐했지만 그 기쁨은 그리 길지 못했다. 역시나 검증의 과정이 부실했다. 그 사람을 영입해서 무엇을 할 것인지, 후보의 취약점을 어떻게 극복해서 확장을 꾀할 것인지에 대한 심도 있는 논의보다 '우리가 데려왔다'는 치적에만 급급하지 않았나 하는 생각을 지울 수 없다. 또한 그 사람이 무언가를 할 때 '그건 아닌 것 같다'고 말하는 사람이 없었거나 있었다 하더라도 그 의견이 수용되지 못했다. 대선 후보의 홍보 영상은 반드시 '정치적 고려'도 포함되어야 한다는 기본적 명제가 무너진 결과였고, 따라서 이 실패는 해당 PD 개인의 실패라고 몰아붙이기엔 민주당의 실책이 매우 컸다.

민주당은 앞으로도 선거를 치를 것이다. 표를 위해선 표면적을 넓히는 일을 피할 수 없을 것이다. 다만, 어떻게 하면 영리하게 시너지 효과를 낼 수 있을지 충분히 고민해야 할 것이다.

## • 광주 복합 쇼핑몰은 민주당이 먼저 말했다

지난 대선 기간 중, 때 아닌 복합 쇼핑몰 논쟁이 붙었다. 당시 윤석열 후보와 이준석 대표는 광주에만 복합 쇼핑몰이 없는 것이 민주당 독주의 폐해라며 가열찬 공격을 퍼부었다. 심지어 이준석 대표는 2월 24일 광주 충장로 유세 현장에서 "복합 쇼핑몰은 지역의 토호 정치인들의 논리와 이해에 의해 박탈되었던 아주 작으면서도 상징적인 권리의 표현"이라고 말했다. 이때 민주당의 논리는 참담했다. 정확한 진단을 하기 위해서는 실제로 다른 광역 지자체들과 비교했을 때 진짜 광주에만 복합 쇼핑몰이 없는지 살펴보고, 그것이 사실이라면 우리 내부에서 이런 목소리는 없었는지 확인했어야 했다. 그런데 논리가 엉뚱한 방향으로 전개되었다. 복합 쇼핑몰은 대통령 후보의 권한이 아니라 '광주 시장'의 권한하에 있다는 것으로 논리적 대응을 했다. 솔직히 이렇게 대응을 하는 것을 보고, 이 문제가 쉽게 가라앉지 않을 것이라고 직감했다. 이유는 간단했다. 역대 광주 시장 중에 보수 정당에서 배출된 시장이 있었는가? 이것만 따져봐도 시장의 권한이라고 민주당이 방어하는 순간 그동안 민주당의 광주시장이 '하지 않고'있었다는 것을 인정하는 셈이 되어버린다. 이용섭 시장이 부랴부랴

메시지를 내긴 했지만, 이미 불이 붙고 난 뒤였다.

차분히 생각해보자. 이렇게 들끓는 여론이었다면 왜 민주당에서는 말하지 않았는가. 했는지 안 했는지부터 따져보자. 일단 했다. 2022년 2월 5일 광주 서구 김대중컨벤션센터 4층 대회의실에서는 이재명 더불어민주당 대선 후보 직속 청년선대위 다이너마이트 호남본부가 발대식을 열었다. 발대식 직후, 이동학 최고위원과 청년 패널 5명은 '호남 공약 발사식'을 가졌다. 여기서 석성민 한국청년위원회 패널은 '광주 지역 복합 쇼핑몰 입점 및 지역 청년 우선 채용 건'을 제안했다. 우리는 먼저 말하고도 이슈 선점에 실패한 것이다. 왜 그랬을까? 이 원인 분석을 해야만 우리는 똑같은 실수를 반복하지 않을 것이다. 이제 와서 새롭게 선출된 강기정 시장이 복합 쇼핑몰을 유치한다 하더라도 또 다른 이슈에서 밀릴 수밖에 없는 '구조적 한계'는 없는지 살펴봐야 한다.

먼저 호남 지역의 민주당세를 확인해보자. 지난 2017년 선거에서 문재인 대통령은 광주에서 61.14%를 득표했다. 당시 안철수 후보는 광주에서 30.08%를 얻었다. 전남에서는 문재인 후보가 59.87%, 안철수 후보가

30.68%, 전북에서는 문재인 후보가 64.84%, 안철수 후보가 23.76%를 각각 득표했다. 이 표심에 주목해야 한다. 그 탄핵의 국면에서도 문재인 후보가 호남에서 압승하지 못했다는 것은 후보의 문제가 아니라 민주당의 문제였다. 처음 나타난 현상이라면 반짝 지나가는 결과였다고 말할 수 있었겠지만, 2016년 총선에서의 국민의당 열풍이 2017년까지 쭈욱 이어졌다고 말하는 것이 더 합리적일 것이다. 그리고 가장 최근의 2022년 지방 선거에서 광주의 투표율은 고작 37.7%였다. 투표하고 싶은 마음이 생기지 않은 것이다. 그렇다면 왜 이런 현상이 발생하고 있을까?

첫째, 민주당의 '이너 서클들'이 자기네들끼리 해먹는다는 감정이 팽배해 있다. <전라디언의 굴레>라는 책을 쓴 호남 출신 조귀동 작가는 이런 현상에 대해 다양한 분석을 내놓고 있다. 먼저 복합 쇼핑몰 문제. 광주 시민 회의는 2021년 7월 기자회견을 가졌다. "광역시 중 유일하게 광주에만 복합 쇼핑몰이 없다"라며 "(경기도) 하남이나 광명으로 원정 쇼핑을 떠나는 등 불편함은 물론이고, 쇼핑의 즐거움이나 문화생활의 향유 수준에서 다른 광역시보다 빈약하다"고 주장했다. 또한 이들은 이미 2015년 신세계가 고속버스 터미널이 있는 광천동 이마트

자리에 특급 호텔과 면세점 등을 지으려다 정치권의 반대에 무산됐던 사건을 콕 집어 거론하며 "광주 낙후의 책임은 반시장 정서를 조장하는 시민단체와 정치권에 있다"고 했다. 여기서 말하는 정치권이 국민의힘이겠는가? 당연히 민주당일 수밖에 없다. 선출된 권력 중 민주당이 절대적 다수였기 때문에 민주당은 아무리 회피하려 해도 이 문제에서 자유로울 수가 없다.

또 있다. 2021년 6월 9일 오후 학동 4구역 재개발 지구에서 벌어진 참사다. 조귀동 작가는 이 참사의 원인을 몇 가지로 분석했는데, 먼저 하청에 하청을 거듭한 결과 낮아진 공사비와 부실할 수밖에 없었던 해체 기술력, 그리고 몇몇 재개발 조합장으로 몰려 있는 권력을 꼬집었다. 특정 조합장이 동구의 대통령으로 불리며 이 지역에서 위세를 떨쳤고, 이 과정에서 자금이 몰리고 토착 부패가 생기고 작동했다고 말했다.

결국 좁은 동네일수록 카르텔은 좁고 쉽게 형성되며, 이들이 힘, 그러니까 오프라인의 조직력과 몇몇의 정치권의 연줄만 있다면 실제로 충분히 영향력을 과시할 수 있었던 곳이 광주였던 것이다.

둘째, 더 쉽게 말해서, 호남과 비호남으로 나누었을 때

호남에만 없는 것이 있다면 일단 그냥 그건 무언가가 '잘못된'것이다. 코스트코든 이마트 트레이더스든 소상공인 보호하기 위해서 광주가 막았다 쳐보자. 그러면 왜 똑같은 광역시인 부산에는 있고, 울산에는 있고, 대구에는 있을까? 심지어 대구는 동대구역 바로 옆에 대놓고 신세계가 입주해 있다. 다른 광역시엔 당연한 듯이 있고 광주에만 없다면 분명 그것은 이상한 것이다. 그렇다면 왜 안 되었을까? 다시 첫째의 사유로 돌아가면 된다. 이 첫 번째 사유와 두 번째 사유가 계속해서 꼬리에 꼬리를 물고 있는 상황에서 복합 쇼핑몰 문제가 걷잡을 수 없이 커진 것이다.

마지막으로 하고 싶은 말이 있다면, 광주엔 수요가 없다는 소리로 저지하려 하지 않아야 한다. 노무현 대통령은 수요 없다는 소리를 모두 다 뚫고 광주 송정역을 KTX로 깔아버렸다. 광주 송정역에 대해 수요 없다는 소리, 지금 아무도 안 한다. 아니, 못 한다. 구조적으로 좁게 형성된 내부의 문제를 자체적으로 받아들이고 개혁하지 않는 이상, 더 이상 호남은 민주당의 인질 정치에 가만히 있지 않을 것이다. 무겁게 받아들여야 한다.

# 민주당 DNA
# 갈아엎기

# • 서민 코스프레 금지

여름철만 되면 민주당의 일부 인사들은 선풍기를 틀어놓고 '런닝'차림으로 수박을 쪼개어 먹으며 소탈한 척을 하는데, 이것만큼 꼴 보기 싫은 것도 없다. 언론을 통해서, 청와대를 통해서 우리나라가 세계 선진국 반열에 올랐다며 그렇게 자랑을 해대면서 현실은 선풍기다. 그게 되게 멋져 보이나 보다. 서민의 마음을 알아달라고 했지, 연봉 1억씩 받으면서 서민 흉내 내라고 한 적은 없다.

솔직히 너 나 할 것 없이 선풍기 바람이면 상관없겠지만 이젠 동네 어떤 가게를 들어가도 에어컨이 나온다. 그럴 시간에 복지 사각지대를 없애고, 에너지 사각지대를 없애서 대한민국 국민이라면 누구나 여름철에는 시원한 에어컨 바람을, 겨울철에는 따뜻한 실내 환경에서 살아갈 수 있도록 하겠다는 등의 건설적 이야기가 필요하다. 사랑의 연탄 배달 행사보다 어떻게 하면 연탄이 아닌 편리하고 따뜻한 기름 보일러를 놓아줄 수 있을지, 어떻게 하면 평상에서 부채질 하는 대신 에어컨 바람을 보편적으로 쐴 수 있을지에 대한 고민을 하라는 것이다.

## 집 못 구해서 전세나 월세 살았다고 말하는 것 금지

기왕 서민 코스프레 하지 말라고 강하게 이야기했으니 이 이야기도 꼭 해야겠다. 다시 말하지만, 국회의원은 연봉이 1억이 넘는 고액 연봉자다. 국세청 기준으로 연봉 상위 5%는 8,887만이고, 상위 3%는 1억 467만 원이다. 그 기준만을 두고 볼 때, 국회의원은 최소 3% 이내의 사람들인데 그 사람들도 집 한 채 제대로 못 구했다면 그 나라가 문제이거나 그 사람이 문제인 거다. 그런 상황에서 나머지 97%가 집을 구할 수 있는 게 더 이상하지 않나? 제발 부탁인데, 국회의원이 집을 못 구해서 전세나 월세 살고 있다고 말하지 않았으면 좋겠다. 일부 의원들이 그것이 소탈해 보이는지, 자랑처럼 말할 때도 있는데 답답하다. 바꿔 말하면, 그 정도로 부동산 개념이 없는 사람들이 우리나라 부동산 정책을 펼치는 것처럼 보인다. 그건 무능하다는 걸 인증하는 것이다. 또한, 그렇게 청렴한 척하더니 자기가 보유한 집의 월세나 전세 보증금은 슬쩍 올려두었다. 정책도 화나는데, 이런 이율배반적인 행동이 국민에게 걸려버리니 배신감은 더 클 수밖에. 제발 하나만 해라.

부동산과 관련해서 할 말이 또 있다. '집은 사는 것이 아니라, 사는 곳입니다.'이 문구, 이제 쓰지 마라. 버려라.

사든 말든 개인의 선택이다. 전세든, 월세든, 매매든 그 사람의 역량과 필요에 의해서 선택할 수 있어야 한다. LTV 완화를 부동산 투기 조장으로 접근해선 안 된다. 이는 대출의 규모가 아니다. 월급 실수령액 기준으로 200만 원~300만 원 또는 그 이하의 사람들이 내 힘으로 '내 집 마련'을 할 수 있게 하는 '꿈'을 열어두는 것이다. 고용노동부 발표 자료 기준으로 1분위부터 8분위 정도까지가 실 수령액 300만 원 이하 구간으로 잡힌다. 이들에게 돈을 차곡차곡 모아서 '나도 집을 구할 수 있다'는 감정을 심어주는 것, 그 무주택자들에게 '가능성'을 열어두는 것이 바로 LTV 완화다.

그러니까 제발 정치가 나서서 함부로 '사라, 사지 마라'등의 사인을 주려 하지 마라. 누구나 노력하면 집을 '구할 수 있는'시대를 열어야 한다. 구한다는 것은 매매, 전세, 월세를 모두 포함한 개념이다.

# •말 좀 쉽게 하자

내가 2016년 총선에 출마했을 때, 민주당에선 이런 현수막을 내걸었다. 투표는 탄환이다. 무슨 말을 하고 싶은지는 알겠다. 당신의 투표 가치가 엄청나고 세상의 부정을 날려버리고 우리의 삶을 바꿀 수 있고 어쩌고저쩌고. 그런데 지역 주민의 반응도 그러했을까? 대부분 이렇게 말했다.

'아주, 대~단한 가방끈 납셨네.'

멋진 문구도 좋고, 멋진 격언도 좋다. 그런데 그냥 직관적으로 표현하자. 국민의힘 전신인, 당시 새누리당은 '투표합시다'라고 아주 깔끔하게 현수막을 걸었다. 투표의 현장은 대학의 강단이 아니다. 제발 '먹물'기 좀 빼자. 왜 아직도 '저녁이 있는 삶'이라는 문구가 국민 가슴속에 남아 있겠나? OECD 국가 중 평균 노동 시간이 어쩌고저쩌고 말하기 전에 그냥 '저녁이 있는 삶'이라고 말해주면 '아하, 내 퇴근 시간이 지켜지겠구나'하고 금방 알 수 있다.

하나 더 예를 들어보자. 2022년 민주당 대구 7대 공약 중 하나였다.

'물 산업 클러스터 입주 기업 지원 강화 및
한국물기술인증원의 국제 인증 실현'

솔직히 이거 공약 만든 사람은 이 문장이 멋있다고 생각했을까? 아니, 혼자 멋지다고 치자. 이거 곧바로 이해하는 국민이 몇이나 될까? 클러스터를 뭐라고 설명할 건데? 그냥 '대구 시민 여러분 깨끗한 물 마실 수 있게 하겠습니다'이렇게 말하면 안 되나? 이런 공약들을 지역별로 뿌려두고 각 지역별 7대 공약이니, 9대 공약이니 하면 국민들 마음속에 도대체 뭐가 남아 있겠나? 균형발전위원회는 '5극 3특 체제'를 이야기했다. 이거 기억 제대로 하는 사람 있을까?

제발 부탁인데, 말 좀 쉽게 하자. 대중의 언어를 사용하자. 중학생도 알아듣게 말하자.

## • 김대중 이야기 좀 하자. '서문상현'정신

김대중 대통령은 서생적 문제의식과 상인적 현실감각을 말했다. 이를 '서문상현'이라고 줄여보았다. 민주당은 그동안 전자의 서생적 문제의식에만 사로잡혔다. 그런데 아이러니하게도 상인적 현실감각을 펼쳤을 때 가장 눈부시게 빛났다.

먼저 이 이야기를 한 장본인인 김대중 대통령을 언급하지 않을 수가 없다. 개성공단은 지금은 닫혔지만 남북 평화 구축을 위해 '기업'을 유치해서 경제적 교류를 하겠다는 발상 자체가 상인적 현실감각이라고 생각한다. 서생적 문제의식만을 가졌다면 남북 간의 합의서 정도에만 그쳤을 것이다. 실질적인 방안을 마련한 것은 그만이 할 수 있는 일이었다고 본다. 또한, 김대중 대통령은 자신의 자서전을 통해서 자민련 김종필 총재와의 단일화, 그리고 공동 정부 구성에 대한 소견을 남겨두었는데 IMF 시절 자민련 김용환 부총재와 그가 추천한 이규성 재무부 장관, 이헌재 금감위원장이 뛰어난 능력을 발휘하며 IMF 국난 극복에 큰 도움이 되었다고 말하고 있다.

고기도 먹어본 사람이 잘 먹는다. 당시 재야의 인사들과 그 당시 민주당 인사들 중 국가를 대상으로 경영이나 실물 경제를 다뤄본 사람이 없었을 가능성이 높았고, 김대중은 자기 사람을 쓰지 않는다는 표현보다는 상대에게 지분을 나눠준다는 명분과 함께 전문가를 등용하면서 실리까지 동시에 챙겼다. 또한, 뚜렷한 수치는 제시할 수 없지만, 나는 김대중 대통령이 우리나라 '사기업'창출에 가장 큰 공이 있는 사람이라고 생각한다. IMF 시절이라 국가가 고용을 늘릴 수도 없었고, 또 감당할 수 있는 여력도 없었을 것이다. 이때 김대중 대통령은 고용을 창출하고 미래에 대비하기 위하여 1998년부터 '중소벤처기업 창업 자금 융자 지원'을 본격적으로 시작했다. 실제 김대중 정부는 5년 동안 총 1조 9,200억 원을 8,000여 개 기업에 지원했고, 기업의 수는 1998년 2042개에서 2002년 6월 말 1만 182개로 급증, 4년 5개월 동안 총 53만 명의 일자리가 새롭게 창출되었다.

지금의 포털 사이트 회사, 게임 산업, 각종 메신저와 SNS 대기업의 서막을 알린 결단이었다. 막연히 기업과 각을 세우고 규제 일변도의 스탠스를 취하는 민주당의 모습과는 사뭇 다른, 역시 우리나라 정치계의 올타임 넘버원다운 모습이었다고 생각한다.

물론 상인적 현실감각은 김대중 대통령이 말하기도 했지만, 정치학을 공부해본 사람들이라면 한 번쯤은 들어봤을 법한 막스 베버의 '소명으로서의 정치'라는 책에도 등장한다. 이 책에서 막스 베버는 '정치가에게는 다른 무엇보다도 다음 세 가지 자질이 결정적으로 중요하다. 열정, 책임감, 그리고 균형적 현실감각'이라고 말했다. 현실 감각. 민주당에는 지금 거창한 이념보다 현실감각이 그 어느 때보다 필요하다.

노무현 대통령도 마찬가지다. 나는 노무현 대통령의 정책 중에 가장 높은 평가를 받아야 할 것으로 행정 수도 이전과 공공 기관 지방 이전을 꼽고 싶다. 수도권의 인구가 비수도권의 인구를 추월하기 전인 지금으로부터 20년 전 노무현 대통령은 지역 균형 발전을 이야기했다. 단순히 선거 승리를 위해, 충청의 표심을 잡기 위한 것이었다고 말하는 사람들도 있겠지만 그렇지 않다. 노무현은 부산에서 출마하고 낙선하기를 거듭하면서 지방의 현실을 잘 알고 있었고, 지방 자치 실무 연구소를 통해서 고민을 이어나간 끝에 그런 거대한 킹핀 정책을 던진 것이다.

수도권의 부동산 가격이 폭등했지만, 공급만으로는 이 문제가 해결되지 않는다. 가장 중요한 것은 수도권 과밀

해소다. 이 말을 바꿔 하면, 수도권으로 진입하려는 부동산 대기 수요를 잡지 않는 이상 수도권의 부동산은 모든 산을 밀어버리고 아파트를 짓는다 한들 풀리지 않는다는 뜻이다. 결국 지방으로의 이전이 필요하고, 노무현은 20년 전에 공공 기관부터 이전해서 강제로 지방을 살리고 균형 발전을 도모했던 것이다. 노무현 대통령 역시 김대중 대통령이 말씀하셨던 서생적 문제의식과 상인적 현실감각을 겸비한 위대한 정치인이었다.

그렇다면 앞으로 민주당은 어떻게 나아갈 것인가? 서생보다는 상인으로서, 특정 대통령을 존경하되, 작금의 현실에 우리의 이상을 어떻게 반영할 것인지에 대한 깊은 고민을 해야 한다. 서문상현의 시대가 도래했다.

## • 가장 중요한 이야기, 인간의 본능을 외면하지 말고, 상승 욕구를 인정하자

인간의 기본적 '욕망'을 죄악시하지 말자. 민주당 사람들이 또는 민주당을 지지하는 사람들이 세속적인 것보다는 보다 거창한 사회적 정의를 추구한다는 것을 잘 알고 있다. 솔직히 나도 그래서 좋아했다. 그런데, 이게 너무 지나칠 때가 있다. 부동산 문제도 그렇다. 이렇게 설명해보자. 내 집 한 채 마련하고 싶은 꿈, 열심히 벌었다면 그 돈으로 조금 더 나은 집으로 이사 가고 싶은 꿈, 10평 살던 사람이 20평 살고 싶다는 꿈, 20평 살던 사람이 30평 살고 싶다는 그 꿈. 그 꿈이 도대체 뭐가 잘못되었는가? 아반떼를 타고 다니다가 소나타로 바꾸고 싶다는 그 마음이 도대체 뭐가 잘못되었을까?

너무 속물 같다고? 그러면 정부는 지난해보다 올해 수출이 더 늘었다고 왜 발표하지? '국민 여러분, 우리 국가가 어제보다 더 좋아졌습니다'하고 홍보하려는 거 아닌가? 나 열심히 했으니까 이뻐해달라는 것 아닌가? 국가가 그런 인정 욕구와 상승 욕구를 표현하면 자부심이고 내가 하면 속물인가? 어제보다 나은 내일을 꿈꾸는 것은 모든 국민의 소망이다. 절에 가도 연등 달고 '우리 자식 좋은 대학

보내달라'고 이야기하고 교회 가서도 하나님께 '우리 자식 좋은 곳에 취업하게 해달라'고 말하는 것이 우리 국민인데 도대체 이걸 왜 이렇게 부정하려 드는지 모르겠다.

인간의 아주 기본적인 상승 욕구이자, 본능적인 발전 욕망을 외면하지 말자. 이 기본적인 상승 욕구를 정면으로 마주하며, 인정하자. 그래야 국민이 가지고 있는 보편적 심리를 이해하고 반영할 수 있다.

EPILOGUE

# 나는 또 지고 싶지 않다

군부 독재에 항거한 역사와 함께 민주 진보 진영은 성장했다. 누군가는 시민단체와 이른바 재야에 남았지만 또 다른 누군가는 제도권 정치 속으로 들어왔다. 정치권에 들어온 사람들이라면 적어도 군부 독재라는 거악이 사라진 공간에 새로운 담론을 제시해야 한다.

군부가 권력 획득의 절차적 정당성을 어겼다면 새로운 세상은 무엇보다 절차적 정당성을 지켜야 하고, 독재가 국민의 목소리를 차단하고 무력으로 국민의 생명을 짓밟았다면 새로운 세상은 무엇이 국민의 삶을 어렵게 만드는지 두 눈을 부릅뜨고 지켜봤어야 한다. 군부 독재의 총칼이 사라진 지금, 국민들을 쓰러지게 하고 있는 것은 살인적인 물가와 내 집 마련 하나 꿈꾸지 못하는 현실,

노동 소득, 즉 내 월급으로는 도저히 버텨낼 수 없는 이 고단한 삶이다. 바로 민생이다.

정치라는 단어가 태어나고 지금까지 전 세계 어디서든 민생을 빼놓고 정치를 이야기할 수 없었다. 바꿔 말하면 민생보다 더 큰 담론은 없다.

대선 기간 동안 난 대통령 후보에게 의견을 전달할 수 있었다. 책과 동일하게 기후 위기와 북한을 바라보는 달라진 세대 인식, 그리고 민생까지 두루 보고했다. 바빠서였을 수도 있지만 때로는 후보가 읽고서도 바로 답변하기 싫을 만큼 기분 나쁠 정도의 비판과 때로는 그 누구보다 정중한 메시지를 보냈다.

부동산 문제와 노동 소득의 격차, 대기업과 중견, 중소기업의 격차, 원청과 하청의 문제는 여전히 남아 있다. 극복할 수 없는 자산의 격차, 그리고 그 대부분의 격차가 부모의 자산 규모에 따라 결정되어 버리는 이 현실에서 과연 정부는 무엇을 해줄 수 있을지 고민해야 한다. 군부를 거악으로 점찍어 마치 그것만 무너뜨리면 태평성대가 올 것이라는 희망에 차 있던 지난 과거와 역사를 뛰어넘어야 한다. 이를 달리 말하면 무엇이든지 하나의 인물이나 하나의 세력을 거악으로 낙인 찍어 그것만 없애면 마치 모든 것이 풀릴 것이라는 거짓된 희망을 더 이상 이용하지 말라는 것이다.

지방엔 먹이가 없고 서울엔 둥지가 없다. 안 그래도 인구 밀도가 높은 이 나라 대한민국에서 좁은 수도권에 인구의 절반이 살고 있다는 것은 축복이 아니라 저주다. 어떤 도시든 성장하고 팽창한다지만 이 정도의 수준은 한 국가가 공멸의 길로 접어든 것이나 다름없다. 지방은 소멸할 때 혼자만 소멸하지 않는 다는 것을 명심해야 한다. 86년생인 내가 고등학교를 다닐 무렵까지만 하더라도 수도권을 서울의 '위성 도시'라고 배웠다. 베드타운이라고도 수업 시간에 배웠다. 직장은 모두 서울에 있는데 집을 짓는 것이 한계가 있으니 수도권에 대규모 아파트촌을 만들어서 출퇴근을 한다는 것이다. 그런데 요즘 경기 수도권의 100만 도시들과 어느 정도 인구 규모가 되는 도시들은 자랑스럽게 외친다. '자족 도시'로 가자! 결국 서울로 출퇴근이 아니라, 서울로 안 가고 우리 수도권 내에서, 더 좁히면 우리 도시로 회사를 유치하고 출퇴근을 하자는 것이다. 해당 도시에 사는 사람들 입장에서는 두 팔 벌려 환영할 일이지만 지방 사람들이 보기엔 죽음의 선언이나 다름없다. 결국은 지방으로 와야 할 기업들이 모두 수도권에 남거나, 지방으로 가려고 했던 기업들도 수도권에 남으려고 할 테니까.

과연 우리 사회는 어떻게 수도권과 비수도권의 격차를 줄이면서 대한민국을 발전시킬지 고민해야 한다. 먹이가 없는 새는 연명할 수 없고, 둥지가 없는 새는 조금도 쉴 수가 없으며, 내 한 몸 건사하지 못하는 그런 상황에서 새끼는 사치가 아니라 자살 행위일 수밖에 없다.

민주당이 DNA를 싹 갈아엎어서 조금 더 과감해졌으면 좋겠다. 낡은 관념에서 벗어나야 달라진 세대 인식을 담아낼 수 있다. 베이비 부머 세대가 은퇴하고 있다. 그들이 취업할 당시는 평생직장에 취업해 퇴직하면 퇴직금으로 여생을 보내는 시대였다. 퇴직 이후에 일을 한다고 해도 소일거리에 불과했고, 퇴직 이후에도 오랜 시간 삶을 지속할 것이라 생각하지 못했다. 시대는 빠르게 변했다. 그들의 대부분은 그들의 부모 세대보다 훨씬 더 건강한 60대를 시작했다. 100세까지는 아직도 40년이나 남았다. 일을 해야만 한다. 어쩌면 수도권과 비수도권의 격차보다 베이비 부머의 취업 시기의 시대와 퇴직 시기의 시대의 괴리가 더 클 것이다. 이들을 어떻게 이들이 인간다운 삶을 살게 해줄 것이냐도 시대의 중요한 과제다.

위의 모든 것을 극복하기 위해선 깊은 고민을 하되 실용적인 접근을 해야 한다. 실용적인 해법이 우리의 삶을 바꿀 수 있다. 실용이 곧 실력이다. 하지만 우리 정치권에선 왜인지 실용이라는 단어가 저평가받는다. 내 추측이지만, 이 글의 서두에 나온 군부 독재 타도와 같이 거대한 것처럼 느껴지지 않아서일 것이다. 시쳇말로 '멋져 보이지 않아서'다.

하지만 잊지 말아야 할 것이 정치의 본질이고, 그것은 곧 민생이다. 인류의 역사가 시작되고 단 한 번도 정치는 사라진 적이 없다. 어떠한 형태로든 정치는 존재했다. 그리고 그 정치의 최우선 본질은 민생이었다. 단 한 번도 소멸되지 않았던 민생이라는 이슈를 절대 간과해서는 안 된다. 시대마다 다른 민생의 요구를 들어야 한다. 그리고 해결해줘야 한다. 내가 무언가를 요구했을 때 속 시원히 해결되었다는 결과. 그 느낌. 그리고 효능감. 민주당은 이 정치효능감으로부터 많이 멀어져 있었다. 다시 다가가야 한다. 멋진 사회적 메시지도 중요하지만 결국은 '곳간에서 인심 난다'는 말을 무겁게 받아 들어야 한다. 곳간은 곧 민심이고 오직 그 민심에서 표심 난다는 단순한 논리를 민주당은 잊지 말아야 한다.

실용이 실력이라고 아무리 말해도 아직도 실용이라는 단어가 저급해 보인다면 또는 없어 보인다면, 있어 보이지 않는다면, 김대중 대통령이 이미 이 말을 조금 더 다듬어 두셨다.

서문상현.
서생적 문제의식과 상인적 현실감각

서생적 문제의식으로 현실을 바라보고, 상인적 현실감각으로 세상을 바꾸어야 한다. 따라서 민주당의 DNA 갈아엎기는 아이러니하게도 민주당의 정신을 되찾는 것에서부터 시작한다.

이 책의 공약은 내일 당장 실현될 것도 있고 몇 년간 표류할 것도 있다. 몇 개는 통과되고 몇 개는 아예 폐기될 수도 있다. 그렇다면 다음 어젠다는 무엇인가? 정해진 것은 없다. 어떤 미래가 올지 모르기 때문에 어떠한 해답을 미리 내놓을 수는 없다. 하지만 반대로 생각해볼 수는 있다.

우리는 어떠한 미래를 오게끔 만들 것인가.
우리는 어떠한 미래를 준비해야 하는가.

이 두 문장을 명확히 기억하고 고민한다면 우리는 문제가 터지기 전에 보다 나은 미래를 맞이할 수 있을 것이다. 난 그걸 민주당이 해주길 바란다.

나는 또 지고 싶지 않다.
나는 정말로 또 지고 싶지 않다.

180석에 가까운 다수당이 되어서도 우리가 마치 소수인 것처럼 징징대지 말고,
민주당의 DNA를 싹 갈아엎고 완벽한 새로운 시작을 준비해야만 우리는 승리할 수 있다.

다음엔 꼭 이기고 싶다. 정말.

# 민주당
# DNA
# 갈아엎기

**민주당 DNA 갈아엎기**

오창석 지음


**발행일 초판 1쇄 발행 2022년 9월 9일**

**디자인**　아인 스튜디오 @ain.books
**교정/교열**　다미안 @damian_contigo
**펴낸 이**　이상명
**펴낸 곳**　77PAGE @gaga77page
**이메일**　77pagepress@gmail.com
ISBN 979-11-91470-04-8


**가격** 12,000원